더 가까이
더 따뜻한
도시를 꿈꾸며

더 가까이 더 따뜻한 도시를 꿈꾸며

　　　　저자　안장헌

초판 1쇄 인쇄 2023년 12월 20일
초판 1쇄 발행 2023년 12월 30일

　　등록번호　제2010-000048호
　　등록일자　2010-08-23

　　　발행처　삶과지식
　　　발행인　김미화
　　　　편집　박시우(Siwoo Park)
　　　디자인　다인디자인(E.S. Park)

　　　　주소　경기도 파주시 해올로 11, 우미린더퍼스트@ 상가 2동 109호
　　　　전화　02-2667-7447
　　　이메일　dove0723@naver.com

　　　　ISBN　979-11-85324-72-2　03300

- 가격은 뒤표지에 있으며, 파본은 구입하신 서점에서 교환해드립니다.
- 이 책은 저작권법에 의하여 보호를 받는 저작물이므로 무단 전재와 복사를 금합니다.

더 가까이
더 따뜻한
도시를 꿈꾸며

풀뿌리 청년 안장헌이 쏘아 올린
두 번째 이야기

안장헌 지음

• 추천사 •

우리 동네 추천사

　세상일엔 관심이 차고 넘치지만, 정치에는 문외한인 내게 안장헌은 늘 궂은 자리에서 마주치는 상대였다. 배지를 단 의원답게 기품 있고, 폼 나는 사람은 아니었다. '안 의원'보다 '안 반장'에 가까운 느낌이었다고 할까? 글은 쓰는 사람의 모습을 담는다더니 안장헌 의원이 쓴 글 또한 그를 똑 닮았다. 그 어떤 기교도 없이 그저 사실을 꾹꾹 눌러 담아낸 안장헌 그 자체다. 안장헌이라는 청년 정치인이 살아온 삶이 눅진하게 녹아있어 가끔 현장에서 만난 안장헌 의원의 모습이 떠올라 피식 웃음이 나기도 했고 때때로 정치인 안장헌이 내가 생각했던 것보다 멋진 사람이구나, 감탄하기도 했다. 그리고 안장헌이 안장헌답게 정치를 할 수 있도록 믿어주고 싶어졌다.

- 윤현주 방송작가

그의 발은 사슴과 같아서 지쳐있는 것을 보지 못했습니다. 그의 허리는 유연해서 곧게 펴져 있는 것을 보지 못했습니다. 그의 손이 닿는 곳, 눈길 닿는 곳이면 무엇이든 상식과 질서로 많은 이의 이해를 지어 왔고, 목소리 한번 크게 내어보지 못한 민초들의 소망이 그의 꿈이요 숙제였기에 그를 볼 수 있는 장소는 늘 길 위였습니다. 그래서 그는 늘 기대하게 하는 사람이고, 찾게 하는 사람입니다.

'향나무는 그를 찍어내는 도끼날에도 향을 묻힌다.'고 했습니다. 여기, 무던히도 자신의 허리를 내어주는 모자란 삶의 편린이 조각 맞추어져 있습니다. 그의 한숨을 듣고 싶거든, 그의 약함을 들추어내고 싶거든 날 선 입의 혀와 뾰족한 눈의 시선으로 멈추게 해 보십시오. 오히려 당신의 걸음에 달콤한 향내를 뿌려 댈 것입니다.

- 김진혁 뿌리교회 목사

. . .

안장헌 의원을 볼 때마다 "안 힘드실까? 나는 누가 시켜줘도 못 하겠다."란 생각이 들었다. 지역의 기쁨과 슬픔, 분노가 있는 자리엔 항상 안장헌 의원이 축하와 위로, 약속을 하고 있었다.

개인의 삶에 정치가 미치는 영향을 여실히 느끼고 있는 요즘. 내가 앞으로 행복하게 살려면 어떤 정책을 만드는 사람을 일꾼으로 세워야 할지 고민하게 된다. 삶의 고충에 공감할 수 있는 사람, 해결하고자 실행할 수 있는 추진력이 있는 사람. 이 책을 통해 나와 같은 고민을 가진 사람들이 기준을 세울 수 있기를 소망한다.

- 김다정 제비서재 대표

. . .

안장헌 의원을 만날 때마다 느끼는 그 무엇이 있다. 패기와 젊음이다. 두 아이의 아빠인 안 의원은 이미 동네에서는 효자로 소문이 났다. 꾸밈없는 순수함, 타고난 부지런함과 성실함은 젊은이들의 귀감이 되고도 남는다. 드러내지 않지만, 추진력은 상상 그 이상이다.

사람들은 아들 같고 동생 같은 그의 순한 인상에서 큰 위안을 받는다고 말한다. 안 의원은 항상 웃는 모습으로 주변 사람들을 편안하게 해준다. 가을 하늘처럼 청명한 그의 인품과 삶에 박수를 보낸다.

— 이정희 수필가

. . .

안장헌 의원을 처음 본 건 2014년 여름이 오기 전으로 기억한다. 그는 항상 아산을 위해, 시민의 편리한 민생을 위해, 고민하고 또 고민하는 그 모습에 든든함과 감사함도 느끼곤 한다.

아산에서 자란 나에게는 누구나 그렇듯 아산이란 동네가 특별하고 자부심이 상당하다. 그런 아산을, 시민을 언제나 편리하고 웃음 짓게 만들 수 있는 정치인이 얼마나 있을까 생각을 해보곤 한다. 언제나 어디서든 "범식 동상(동생)"하고 부르며 웃으면서 인사할 거 같은 상상만으로도 기분이 좋아진다.

— 강범식 동네동생

아산에 대한 안장헌의 고민이 진하게 녹아있다

— 강훈식 국회의원

누군가는 안장헌 의원이 너무 과격하다고 평가합니다. 공무원을 상대로 목소리를 높이고, 단식도 서슴지 않습니다.

안장헌 의원은 행정이 시민의 삶을 돌보는 역할을 게을리할 때 목소리를 높입니다. 아이들의 미래를 좌우할 도서관 건립을 요구하며 단식을 합니다. 어려운 사람을 그냥 두고 보지 못하며, 가치 있는 일을 위해 목소리를 높입니다. 그의 정치 기준이 아산시민의 눈높이에 있음을 이 책을 통해 확인할 수 있었습니다.

이 책에는 아산의 미래를 대비하는 한 지방의원의 고민이 녹아들어 있습니다. 좋은 일자리를 어떻게 창출할 것인가부터 시작해 충남 반도체 산업 강화를 위한 제언까지…, 그의 지난 13년간의 의정활동이 아산의 미래를 위한 여러 정책으로 집약됐습니다. 그의 책이 시민의 더 나은 삶을 만드는 일에 소중히 쓰이길 바랍니다.

민생정치의 실천과 더불어 미래의 시대정신

— 우원식 국회의원

안녕하십니까. 더불어민주당 국회의원 우원식입니다.

안장헌 충남도의원님께서 발간하는 〈더 가까이 더 따뜻한 도시를 꿈꾸며〉의 추천사를 쓰게 되어 매우 기쁩니다.

안장헌 도의원님과의 첫 만남은 제가 당대표에 출마했던 2021년 전당대회로 거슬러 올라갑니다. "민생으로 정면돌파"라는 구호로 도전했던 전당대회에서 처음 만나 지금까지 좋은 인연을 이어오고 있습니다. 안장헌 도의원의 의정활동은 저의 좌우명인 "정치, 힘이 약한 자들의 가장 강한 무기"라는 철학과 매우 닮아있습니다. 안장헌 도의원이 충남에서 꾸준하게 추진해온 지역상품권 발행, 국회와 함께 호흡을 맞췄던 갑을오토텍 노사분규 중재 노력 등은 사회적 약자를 위한 정치가 무엇인지를 보여준 훌륭한 사례라고 생각합니다.

그뿐만이 아닙니다. 이주노동자의 생활환경을 챙기고 어느 지역보다도 먼저 나서 고령 경비원의 고용유지 조례를 제정해낸 것도 안장헌의 정치가 늘 어느 곳을 향하고 있는지 알 수 있습니다. 많은 정치인들이 민생을 외치지만, 실제로 실천하는 정치인은 드뭅니다. 그런 면에서 안장헌 도의원은 늘 말과 행동이 같았던 사람입니다.

안장헌 의원은 민생정치의 실천과 더불어 미래의 시대정신까지 갖춘 인재입니다. 탄소중립 시대를 대비한 햇빛발전과 폐기물 재활용, 새로운 산업혁명시대의 일자리 전환에 고민을 담은 '정의로운 전환'개념도입, 미래 먹거리 강화를 위한 반도체 첨단사업 육성 추진은 중앙정부와 국회가 고민하는 아젠다와 같습니다. 현명하고 성실한 정치인 한 명이 지역과 정치를 어떻게 올바르게 바꿔 나갈 수 있는지를 보여주는 모범이 바로 안정헌 도의원이 아닐까 싶습니다.

안장헌 도의원이 이번에 발간하는 책은 이 시대와 아산의 미래에 대한 그의 시대정신을 이해하는 데 큰 도움이 될 것입니다. 아산시의원과 충남도의원을 거치며 사회적 불평등을 해결하고 지역 발전을 위해 행동하는 굳은 의지를 보여준 안장헌 도의원님의 철학과 가치가 많은 분들께 널리 알려지실 응원하겠습니다.

모쪼록 많은 분들이 이 책을 읽고 안장헌 도의원이 보여주려

하는 아산의 미래를 발전시키겠다는 비전과 도전에 함께 공감해 주시길 바랍니다. 우리 모두 어려운 시기를 겪고 있지만 안장헌 의원이 보여주는 희망에 대해 함께 이야기할 수 있길 기대합니다. 감사합니다.

시민과 가까이 행복한 아산의 미래를 꿈꾸며

– 양승조 제38대 충남도지사

아산의 미래는 50만 자족도시를 꿈꾸고, 대한민국의 새로운 도약의 척도를 담을 수 있는 희망의 아산입니다. 그러한 아산이 가능하기 위해서는 지역을 위해 솔선수범한 리더들이 있기에 가능하다고 볼 수 있으며, 그 중 안장헌 도의원이 있습니다.

안장헌 도의원은 아산시의원 2선과 현재도 두 번째 충남도의원으로 활동하면서, 14년 동안 아산시의 민의를 대변하고, 지역발전을 위해 다양한 노력을 하셨습니다.

단식투쟁으로 쟁취한 천안아산 상생도서관, 온몸으로 막아낸 갑을 오토텍 노사충돌, 대변신에 성공한 거산초등학교와 송남중학교, 아산에서 첫 삽을 뜬 더행복한주택 등 안정헌 도의원의 노력이 없었다면 가능하지 않았을 것입니다.

그만큼 아산을 더 가까이, 더 따뜻하게 꿈꾸고 있습니다.

현재 대한민국의 국민의 삶은 고환율, 고물가, 고금리로 경제적 어려움을 겪고 있으며, 그로 인하여 사회양극화는 더욱 심화되고 있습니다. 결국 사회양극화는 합계출산율 0.78명이라는 숫자가 말하듯이 초저출생 시대 암울한 대한민국의 미래를 담고 있습니다. 희망이 없는 사회에서 다시 희망을 찾기 위해서는 아산이 선도적으로 그 가능성을 제안해야 합니다.

그러기에 유능한 리더가 필요할 수밖에 없고, 그 길을 만들어 가는 실천적인 사람들이 필요합니다. 안장헌 도의원의 책에서 그 방법을 찾을 수 있다고 봅니다. 위기 속 대한민국을 극복하기 위해서 아산에서 도전하는 안장헌 도의원과 함께 소통하며 풀어가겠습니다.

시민들과 함께 정책을 만들어온 과정이 고스란히 담겨

– 복기왕 더불어민주당 충남도당 위원장

정치를 시작할 때 크게 두 가지 경로가 있는 것 같습니다. 중앙에서 명망을 높이고 그 힘으로 지역에 내려오는 방법과 흔한 말로 밑바닥에서부터 하나하나 만들어 올라가는 경우가 있습니다. 각자의 인생 경로가 있기에 뭐가 정답인지는 알 수 없습니다.

다만 제 경험상 정치를 지역에서부터 시작한다는 것은 어려운 일이지만 매우 의미가 깊은 일이라 생각됩니다. 더욱이 10년 더 전에 충남에서 민주당 깃발을 들고 정치를 바닥에서부터 시작한다는 것은 웬만한 패기와 열정이 없으면 쉽지 않은 일입니다.

그런 의미에서 아산시의원을 시작으로 13년 동안 풀뿌리 민주주의를 지역에서 실현하고 있는 안장헌 충남도의원은 우리 아산시와 빈수낭의 소중한 일꾼입니다.

그가 이번에 두 번째 저서를 출간했습니다. 일상생활 곳곳에서 시민들을 만나 이야기를 귀담아듣고 그것을 정책으로 만들어 가는 과정을 고스란히 담았습니다. 잘된 것도, 잘 안된 것도 소상히 전하고 있습니다. 그 과정에서 현재보다 조금 더 나아가기 위한 고민의 흔적이 곳곳에 남았습니다. 특히 도시 발전의 중요한 원칙을 세우고 실천하기 위해 노력하고 있는 것은 청년 정치인 안장헌의 고뇌의 결과라 매우 의미가 있다고 생각됩니다.

시골 마을 입구에 놓인 보호수를 보며 나무의 뿌리가 깊을수록 그 생명은 오랫동안 유지되어 마을의 상징이 된다는 생각을 하게 됩니다. 청년 정치인 안장헌이 내린 풀뿌리 정치가 따뜻한 도시의 보호수가 되길 기원하며 출간을 진심으로 축하합니다.

40대의 패기와 열정, 돌파력으로 아산을 바꾸어라

- 박범계 국회의원

안녕하십니까? 대전 서구을 국회의원 박범계입니다. 저와는 오랜 친분으로 정치적 동지인 안장헌 도의원의 〈더 가까이 더 따뜻한 도시를 꿈꾸며〉 출판기념회를 축하드립니다.

안장헌 도의원은 풀뿌리민주주의 산실인 지방의원으로서 지역 주민 여러분과 아산 발전을 위해 호흡을 함께해온 지방자치 시대의 진정한 일꾼입니다. 반도체 산업의 메카로 자리 잡아가고 있는 '아산시의 도시 브랜드' 강화에 최적화된 인물이기도 합니다.

아산시에 필요한 일이라면 작은 일부터 큰일까지 직접 찾아다니며 시민들의 아픔과 기쁨을 늘 함께해왔다 알고 있습니다. 도의원이라는 직분으로도 감당하기 어려운 지역 현안 사업 앞에서는 단식투쟁이라는 목숨을 내건 최후의 수단으로 관철시켜 낸 뚝심도 가시고 있는 40대의 패기와 열정과 돌파력으로 아산을 바꾸어 갈 정치인입니다.

안장헌 도의원의 쉼 없이 달려온 아산시에서의 행적을 솔직담백하게 담아낸 저서가 시민 여러분들과 함께한 시간이었기 때문에 더욱 감동과 울림이 있을 것으로 생각합니다.

이번 출판기념회를 통해 안장헌 도의원이 아산시 발전과 시민 여러분의 기대에 부응하는 정치인으로 거듭날 수 있기를 기대합니다. 감사합니다.

견딤이 쓰임을 결정한다

– 천준호 국회의원

오랜 시간 함께 하며 인연을 맺은 안장헌 충남도의회 의원이 책을 출간한다는 소식을 접하고 반가운 마음에 추천의 말씀을 드립니다. 저는 한국청년연합회(KYC)에서 활동을 하면서 안장헌 의원을 만났습니다. 언제나 사실에 근거해 진리를 탐구하는 그의 모습에서 저 또한 좋은 영향을 많이 받았던 기억이 납니다.

견딤이 쓰임을 결정한다는 말이 있습니다. 천년을 버틸 집을 짓기 위해서는 오랜 시간을 견딘 단단한 노송이 필요합니다. 사람도 마찬가지로 어떤 일에 쓰임을 받기 위해서는 그에 걸맞은 견딤과 축적의 과정이 필요합니다. 이 책에는 안장헌 의원이 아산시의회 의원, 충남도의회 의원을 두 차례씩 역임하며 오랜 기간 노력해 온 그의 흔적과 고민, 그리고 앞으로 나아갈 방향이 잘 담겨 있습니다.

결코 흔하지 않은 안상헌의 실사구시(實事求是)의 정치와 행정. 그의 진심이 독자에게 잘 닿길 바랍니다. 앞으로의 여정을 응원합니다.

• 들어가는 말 •

정치인이 책을 낸다는 건 자신을 정리하는 과정의 일부라고 생각한다. 그동안 했던 일과 삶의 흐름을 돌아보고 평가하는 시간을 통해 내일을 그려보려는 것이다. 그리고 자기 생각과 지향을 시민들과 나누고자 함이다. 어찌 됐든 둘 다 나에게는 무겁고도 두려운 일이다.

남들보다 일찍 시작한 14년 선출직 인생을 살아오며 스스로에 대한 평가와 반성은 나의 일상이 되었다. 반성하고 평가하는 시간을 갖지 않는 정치인은 결코 유권자인 시민으로부터 좋은 평가를 받을 수 없다는 게 나의 소신이었기 때문이다. 그러나 평가는 어떤 식이든 늘 고통을 수반했다. 나 자신에게 좋은 점수를 주면 마음의 위안은 받을 수 있었지만, 자기만족에 빠져 오만해지고 있는 게 아닐까 싶어 두려웠다. 부족함에 대한 자책 역시 불안을 키우기는 마찬가지였다. 부족하다는 생각은 조급증을 유발했고 그럴 때마다 나는 현실과 이상 사이에서 발을 동동 굴렀다. 미생이 아닌 완생을 위해서는 그게 뭐든 시간이 필요했다. 그러나 그 사실을 알면서도 한번 시작된 조급증은 쉽사리 잦아들지 않았다. 결론적으로는 이 모든 과정에서 나는 누구도 쉽게 경험할 수 없는 다양한 일을 경험하게 되었다. 살아있는 정치의 공간, 마을과 의회를 오가며 나는 변화했고 끊임없이 발전해 왔다고 믿는다.

젊은 선출직 의원으로 처음 아산시 의회에 발을 들였을 때, 나는 비판과 견제보다는 팔을 걷어붙이고 작은 것 하나라도 실천하자고 다짐했다. 이런 생각을 바탕으로 의회 활동을 시작했고 젊은 친구가 참 열심히 한다는 고마운 칭찬도 많이 들었다. 덕분에 14년간 시의원, 도의원으로서 보람 있는 생활을 이어올 수 있었다. 처음 도의원이 되었을 때 나는 '도의원 8선이 내 목표다'라는 이야기를 자주 했다. 내가 잘하고 열심히 할 수 있는 환경·노동·시민사회와의 연대를 통한 가치 의정만큼은 누구에게도 물려줄 수도 없다고 생각했다. 내가 최고의 적임자라고 믿었기 때문이다. 지금 생각해보면 매우 염치없고 이기적인 독점의식이었다. 나보다 잘할 후배가 없지 않을뿐더러 내가 계속 열심히 하리라는 것도 만무하다.

요즘 들어 문득문득 첫 선거, 첫 유세를 시작할 때의 상황과 첫 마음이 떠오른다. 그때 나는 내게 다가올 모든 일들이 그저 막막했다. 그러나 뜨거운 의지가 빛이 되어 주었기에 과감히 첫걸음을 옮길 수 있었다. 또한 성공과 실패가 나 자신이 설정해 놓은 목표에 따라 달라진다고 믿었기에 자리가 아니라 역할을 위해 뛰어야 한다고 다짐 또 다짐했다. 그때도 나는 모든 걸 얻거나 전부 잃어버리는 all or nothing 게임이 정치라는 걸 알고 있었다. 더 솔직해지자면 낙선이 예정되어 있던 총학생회장 선거 때부터 잘 알고 있던 이야기다. 그런데도 나는 정치를 택했다. 내가 가장 잘할 수 있는 일이라 생각했기 때문이고, 그 생각은 지금도 달라지지 않았다.

이 책은 아산의 정치인으로서 내가 조금 더 해보고 싶은 여러 가지 일들에 대해 정리한 결과물이다. 글을 쓰며 나는 때때로 뜨거웠고, 가끔은 잊었던 순간이 떠올라 울컥했다. 이룬 것보다 이루지 못한 것에 대한 아쉬움이 크지만, 이것이 내 정치 인생의 시발점이라 믿기에 아쉬움은 접어두려 한다. 그리고 안장헌이라는 이름을 내걸고 다시 달려보려 한다.

지금껏 내 모든 순간을 함께해 주었던 소중한 사람들, 나의 정치적 동지이며 정치의 이유인 아산시민들게 이 책을 바친다.

2023년 12월 1일
안장헌

차례

추천사 … 5
들어가는 말 … 20

제1장 》 중요하지만 열심히 하지 못한 일들

/

- 좋은 일자리! 희망을 창출하다 … 31
- 시급한 방과 후 돌봄 확대 … 35
- 어르신 정신건강, 외로움 해소 방안은? … 40
- 전쟁의 위험을 알리는 평화기념관 건립의 필요성에 대하여 … 44
- 공무원은 공노비가 아닌 전문가 집단이다 … 48
- 로컬푸드 활성화, 생산자 소비자의 윈윈 전략 … 53
- 신도시, 아파트부터 짓고 시작하던 틀에서 벗어나야 할 때 … 57
- 동네 소식통, 지역 밀착 풀뿌리 언론 … 61
- 폐기물의 효율적 재활용 … 64
- 중장년의 실제적인 일자리 확보 방안을 고심하다 … 67
- 이주노동자의 입국 조건과 생활환경에 더 큰 관심을 … 71
- 방치된 공공용지의 활용법, 햇빛 발전 … 75

제2장 》시민이 바라지만 잘 안되는 것들

/

- 모두 상생, 지역상품권 발행 … 81
- 분쟁이나 준비절차 없는 마을안길 포장 … 85
- 아프면 쉬어도 되는 세상, 유급병가 … 89
- 왜 우리 동네는 관리소가 없나, 마을관리소 … 92
- 내 의견은 누가 들어주나, 숙의민주주의 … 95
- 나만 비정상적인 가정인가, 한부모가정 지원 … 99

제3장 》우리 동네에 꼭 필요한 걸 만들어보자

/

- 도시 브랜드를 품은 랜드마크 호텔이 있다면? … 105
- 지역 경제 활성화를 이끄는 대형 쇼핑몰 … 109
- 자연 속에 들어선 아토피 치유센터 … 111
- 교통비 전면 무료화로 활기찬 아산 만들기 … 113
- 청소년이 숨 쉴 수 있는 공간이 필요하다 … 116
- 인구 소멸을 막는 공공산후조리원 건립 … 119
- 함께 만들어 가는 사회적 일자리 사업 … 121
- 반려동물, 인간의 가족으로 대하는 시대 … 124

제4장 》 아산을 위한 중요한 원칙
/

- 여러분께 선택권을 드립니다 – 많이 듣고 토론하는 시정 … 129
- 합의로 비전을 만들자 – 합의된 장기플랜 수립 … 132
- 기본을 잘해야 사람이 온다 – 안전하고 깨끗하고 밝은 아산 … 135
- 서번트 리더십이 필요하다 – 군림하는 단체장은 이제 그만 … 139
- 지원은 하되 간섭하지 않는다 – 문화 및 공동체 정책의 원칙 … 143
- 표 없다고 무시하면 안 된다 – 어린이 청소년 외국인노동자 … 147
- 있는 거라도 찾아 먹게 하자 – 신청주의 복지체계 극복 … 150
- 접시를 깬 자에게 격려를 – 적극 행정이 필요 … 153
- 새로운 열정과 사람 냄새가 필요하다 … 157
- 힘든 일을 내가 먼저 – 솔선수범 리더십이 필요하다 … 160
- 유능한 공무원 조직이 되어야 한다 – 점진적 혁신이 필요 … 163
- 더 안전한 도시가 되어야 한다 … 166

제5장 》 아산에 새긴 발자취
/

- 단식투쟁으로 쟁취한 천안아산 상생도서관 … 171
- 노동자의 권리를 위해 몸을 던지다 … 176

- 대 변신에 성공한 거산초등학교와 송남중학교 … 181
- 최고의 정보 문화 산업 기지를 만들다 … 184
- 전국 최초로 정의로운 전환Just Transition 개념을 도입하다 … 187
- 최초로 고령 경비원 고용 유지를 위한 지원 조례 제정하다 … 192
- '더 행복한 주택' 사업의 행복한 마무리 … 196
- 안전 투자에 올인하다 … 200
- 반도체 산업의 적극적 추진 … 203
- 공직 사회 문화를 바꾸는 갑질예방조례 … 206

부록 》충남 경제, 아산 경제

/

- 충남의 반도체 산업 강화를 위한 제언 … 211
- 2030세대 '빚투'와 '영끌' 무엇이 문제인가 … 214
- 탄소중립에 따른 정의로운 전환, 이제는 노동전환 지원이다! … 217
- 휘청이는 지역경제, 지역사랑상품권이 해법이다 … 221
- 근로자복지기금, 함께 사는 충남을 향한 의미있는 첫걸음 … 223
- 소상공인의 고통, 우리 모두가 나눠져야 할 때 … 226
- 혁신성상! 스케일업Scale-up에 달려있다 … 229

제1장

/

중요하지만 열심히 하지 못한 일들

좋은 일자리 ! 희망을 창출하다

/

아산에서 기업을 운영하는 분들을 만나면 사람 구하기 힘들다는 푸념을 자주 듣게 된다. 구인난이 심각한 수준이다. 사람 뽑기가 힘들다. 이 문제는 사실 아산만의 문제가 아닌 충남 전체의 과제다.

특히 최저 임금에 닿아있는 생산직이나 농업관련 업종에서 사람을 구하기 어렵다. 이 같은 직종은 따라서 외국인 근로자나 사회 초년생, 4·50대 비숙련 노동자로 간신히 메워지고 있다.

그런데 또 한 가지 주목해야 할 점이 있다. 아산에는 6개의 대학이 있다는 사실이다. 매년 많은 학생들이 졸업을 하고 취업에 나선다. 그런데 대학을 졸업한 85퍼센트의 학생들이 지역에 있는 기업이 아닌 수도권으로 올라간다. 지역의 일자리가 임금도 낮고 일도 힘든 이른바 3D 업종으로 인식되기 때문이다.

지역의 젊은 대학 졸업생은 서울로 올라가고 지역에서는 일할 사람이 없어 다른 지역에서 오는 모순된 구조가 만들어지고 있다.

사실 그 내면에는 한국 사회의 고질적인 문제가 있다. 대학을 졸업하면 고임금의 관리직이 되고, 그렇지 못할 경우 현장에서 몸으로 때우는 일을 하게 된다는 넘을 수 없는 마음의 벽이다. 따라서 아르바이트가 아닌 이상 대졸자가 단순 조립 등 현장직에 지원하는 경우는 개인의 의사와 관계없이 드물다.

이게 무너지기 위해서 사회적 인식뿐만 아니라 임금과 승진 등 다양한 분야에 대한 개선이 필요하다. 직업의 사회적 불평등이 해소될 필요도 있다. 모든 인간 노동에 대해 존중하는 사회적 인식도 요구된다. 남들이 하지 않는 예컨대 청소 같은 일을 해주는 분들에 대한 사회적 고마움을 가질 필요도 있다. 그러나 현재는 배우고 능력 없어서 한다는 인식이 강하다. 따라서 젊은 청년들이 이 같은 일에 나서는 경우는 드물다.

호주와 같은 선진국에서는 기꺼이 청소와 같은 허드렛일을 직업으로 택하는 청년들이 많다. 실제 대한민국에서 명문대를 졸업했지만 호주 시드니에서 청소로 시작해 성공한 분을 만난 적이 있다. 그분 이야기에 따르면 호주의 청소부에 대한 인식은 한국과 사뭇 다르다. 우리나라에서는 '못 배운 사람들이 하는 일'이라며 멸시하는 경우가 많다. 그러나 호주에선 남들이 하기 싫은 일을 해주는 고마운 존재란 인식이 강하다. 청소하는 이들에 대한 사회적 평가가 호주와 대한민국사이에 현격한 차이가 존재하는 건 분명 사실이다.

그러나 당장 어떤 한 사람이 변화를 만들기는 쉽지 않다. 보다 현실적으로 문제를 해결하기 위해서는 아산에 위치한 현대자동차의 부품 기업 그리고 삼성 디스플레이와 전자의 반도체 후공정에 일하는 단순 2, 3차 벤더 회사들이 단순 생산 일자리를 더 좋은 일자리로 바꿀 필요가 있다.

이를 위해선 대기업 공장의 생산 구조가 보다 전문 인력을 요구하는 구조로 고도화될 필요가 있다. 지방 정부는 일자리 교육을 통해 지역 주민이 좀 더 높은 수준의 직무 능력을 키울 수 있는 훈련을 도울 필요가 있다. 이 같은 교육 훈련의 강화를 통해 보다 숙련된 노동자의 공급이 가능해진다면 삼성 현대 등 대기업뿐만 아니라 이들과 연관된 2,3차 협력업체 역시 산업 구조를 보다 고도화함으로써 높은 임금이 주어지는 양질의 일자리 제공이 가능해진다.

아울러 정주여건의 개선이 필요하다. 젊은이들이 떠나는 이유는 단순히 일자리만의 문제가 아니다. 아산이 아이를 키우거나 복지 혜택을 누리면서 살기에 적합하지 않다는 생각이 강하기 때문이다. 아이들이 다닐 수 있는 좋은 학교를 만들고, 퇴근 후 가족과 함께 편하게 산책할 수 있는 공원을 만들고, 아울러 재교육에 필요한 공공시설이 충분하다면 수도권으로 떠나가는 비율을 줄어들 수 있다.

이건 오롯이 지방 정부의 몫이다. 이렇듯 지방정부가 자신의 역할에 최선을 다할 때 삼성과 현대 등 대기업 역시 좋은 일자리를 아산에 더 많이 만들 것이다. 산업단지 및 지역별 직업교육센터와 더불어 복지 문화 복지시설이 함께 갖춰진 노동자들을 위한 재교육 센터가 꼭 필요하다.

아울러 형식적인 일자리 박람회가 아니라 지역의 작지만 노동조건이 좋은 일자리를 적극적으로 지역의 대학생들에게 소개하는 노력도 필요하다.

시급한 방과 후 돌봄 확대

/

아이가 초등학교에 입학하면 축하의 말만큼 많이 듣는 말이 있다. "이제 좋은 시절 다 가고 고생문이 열렸다"는 위로와 걱정이다. 바로 '돌봄' 때문이다.

어린이집이나·유치원에 다니는 아이들은 보통 4시쯤 집에 온다. 맞벌이 부부라면 6~7시까지도 어린이집에 아이를 맡길 수 있다. 우리 아이만 늦게까지 남는 경우엔 눈치가 보이기도 하지만 그래도 맘 편히 일할 수 있도록 아이를 돌봐주는 어린이집의 존재는 고마울 수밖에 없다.

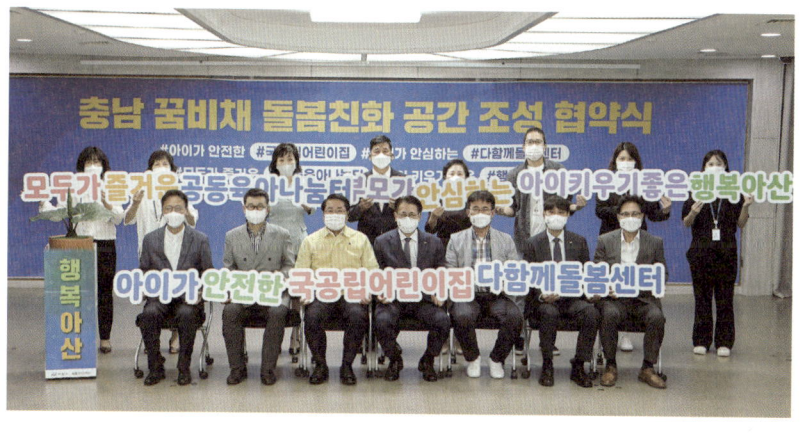

그런데 초등학생이 되면 상황이 완전히 달라진다. 1,2학년은 보통 1시 전후 하교를 한다. 학교에서 봐주면 참 좋으련만, 안전한 학교 울타리 안에서 돌봄을 받을 수 있는 아이들은 극소수에 불과하다.

거기에 초등학교는 방학이 있다. 방학이 되면 맞벌이 부부는 아이들을 어디에 맡겨야 할 지 골머리를 썩을 수밖에 없다.

과거 맞벌이가 흔치 않던 시절엔 방과 후 돌봄이 굳이 필요하지 않았다. 또 아이들은 학교가 끝난 후 동네 골목길이나 학교 운동장에서 엄마가 저녁을 차려놓고 부를 때까지 알아서 뛰어 놀곤 했다. 그러나 아이들이 함께 모여 놀 공간이 줄어들고 또 부부가 함께 벌어야 생활이 가능한 어쩌면 더 팍팍한 세상이 된 상황에서 방과 후 돌봄은 지속적으로 떨어지는 출산율 하락과도 결부된 중요한 문제가 됐다.

그럼에도 불구하고 교육현장에서는 방과 후 돌봄이란 개념 자체가 없다. 학교는 정규 수업만 하고 나면 끝이다. 그 이후는 학교의 몫이 아니라고 생각한다. 그렇다고 지방정부가 책임지는 것도 아니다. 단적으로 아산시에는 방과 후 돌봄에 관한 계획을 수립하고 집행하는 담당부서 조차 없다. 학교에서도 책임지지 않고 지방정부도 책임지지 않는다.

필자가 운영위원으로 있는 북수초등학교의 상황도 다르지 않았다. 2022년 겨울방학 학교 측에서는 방학 기간 중 돌봄센터를 운영하는 데, 고작 20명만을 선발한다고 했다. 나는 너무 적은 숫자에 놀라지 않을 수밖에 없었다. 담당 선생님께 "전교생이 천명인 학생학교에서 돌봄 대상자가 왜 20명밖에 안 되는지" 여쭤보았다. 선생님들은 " 우리 학교는 돌봄 교실이 20명짜리 하나밖에 없다"면서 "기껏해야 5명 정도 추가해 25명이 최대 인원"이라고 말씀하셨다.

더 놀라운 사실은 아산시 대부분 학교들이 마찬가지 상황이라는 점이다. 걱정이 된 나는 "부모의 맞벌이 등으로 실제 돌봄이 필요한 학생들이 있으면 어떻게 하느냐"라고 물었더니 "저희가 어떻게 할 수 있는 부분이 아니다"라는 대답이 돌아왔다.

당시 답답한 마음에 선생님들에게 돌봄이 필요하지만 학교에서 수용하기 어려운 학생들이 있는 경우 지방정부 아동복지과나 지역아동센터 등 돌봄이 가능한 시설에 요청이라도 한 번 해주면 좋겠다는 부탁을 드린 적이 있다. 다행히 선생님들이 조금 더 신경을 써 주셔서 지금까지 고마운 마음을 갖고 있다. 하지만 결국 돌봄의 문제는 특정 학교 특정 선생님의 열정에 의지해 해결할 수 있는 문제가 아니다.

사실 나부터 반성해야 할 문제였다. 돌봄이 중요하다고 얘기하면서도 과연 나는 문제 해결을 위해 무엇을 했는지 먼저 반성하게 된다. 예를 들면 태안군의 경우 지방 정부가 중심이 돼 읍면별로 돌봄 센터를 운영한다. 학교가 채우지 못하는 빈 공간을 지방정부가 메우고 있는 셈이다.

반면 아산시의 경우 지역아동센터나 복지시설에서 운영하는 돌봄센터가 지방정부가 운용하는 시설의 전부다. 그런데 이런 곳들은 한부모 가정 등 사회적 약자를 위해 만들어진 곳이다. 소수 소외 계층 아동에 대한 복지 정책의 일환으로 운영될 뿐이다. 따라서 일반 가정의 경우 이용할 수 있는 돌봄 센터는 사실상 전무한 셈이다.

방과 후 돌봄이 의미가 있으려면 지방정부 차원에서 방과 후 돌봄을 어느 부서에서 어떻게 하겠다는 계획이 우선 수립될 필요가 있다. 먼저 전체 학생들을 대상으로 수요가 어느 정도 되는 지 조사해야 한다. 더불어 이를 수용할 수 있는 자원이 지역에 얼마나 있는 지 파악해야 한다.

이와 관련 개인적으로 아파트마다 있는 작은 도서관을 적극 활용하면 좋겠다는 생각이 든다. 아산의 대다수 아파트에는 작은 도서관이 있다. 300 세대 이상의 공동주택은 작은 도서관이 의무이기 때문이다. 그 공간을 활용해 해당 아파트 주민 가운데 경력단절인 주부들이 직접 아파트 아이들을 돌볼 수 있는 작은 단위의 돌봄센터를 운영하는 것을 생각해 볼 수 있다. 단지 내 아이들이 집근처에서 안정감 있게 지낼 수 있다.

우리 속담에 뜻이 있는 곳에 길이 있다고 했다. 방과 후 돌봄이 방치된 이유는 '뜻'이 없었기 때문이다. 지방 정부가 뜻을 갖고 방과 후 돌봄 문제 해결에 나선다면 길은 분명이 있다고 생각한다.

어르신 정신건강, 외로움 해소 방안은?

/

2023년 여름 수해 당시 안타까운 일이 있었다. 생을 마감하기 위해 폭우로 불어난 곡교천에 스스로 걸어 들어가신 어르신이 계셨다. 이후 4일 만에 하천가에서 돌아가신 채 발견되었다.

어르신의 정신 건강 문제 해결이 시급하다. 특히 많은 어르신들이 코로나19 기간 동안 경로당 폐쇄, 노인대학 휴강, 5인 이상 집합금지 등으로 인해 홀로 지내며 육체적 정신적 건강을 잃는 경우가 많았다.

어르신의 정신 건강 문제는 이 같은 외로움에서 출발하고 또 외로움은 빈곤과 직결되어 있다. 실제 우리나라 노인 빈곤율은 OECD 1위인 동시에 OECD 평균의 3배에 달한다. 젊은 시절 열심히 일해 번 돈은 자식 교육에 전부 소진가운데 불안정한 사회 안전망 속에서 외로움과 빈곤에 시달리고 있는 게 초라한 그들의 모습이다.

특히 빈곤한 노인은 타인과 왕래가 끊기면서 사회적으로 고립될 가능성이 높고, 이 경우 우울증이 동반된다. 외로움을 견디다

못해 스스로 목숨을 끊고, 이를 알아차리는 사람조차 없이 고독사 하는 경우도 빈번하게 된다. 증가하는 노인 자살률은 지역 내 독거노인들의 정신건강에 더 면밀하게 관심을 가지고 돌봐야 할 때가 됐음을 알리는 경고등이다.

독거 어르신의 정신 건강 문제 해결을 위해 지방 정부도 나름 애를 쓰고 있다. AI에 기반 한 대화 로봇을 보급하는 일도 열심히 하고 있다. 과거에 추진되다가 중단된 사례도 있는데, 마을 회관이나 경로당을 중심으로 공동 주방을 운영해 점심이라도 같이 드시도록 하는 정책이었다. 여기서 한 발 나아가 혼자 사시는 어르신들이 마을 회관에서 함께 생활할 수 있도록 공간을 개조하는 시도도 있었다.

마을회관은 전국에 3만 6천여 개 운영되고 있다고 한다. 과거엔 주민회의 공간의 성격이 짙었지만 젊은 층이 사라지면서 자연스럽게 노인복지센터 역할을 하게 됐다. 동네 주민들과 함께 사용하는 노인 공동생활 시설이라고도 볼 수 있다. 그런 것들을 확대할 필요가 있다.

사실 농촌에서는 그나마 마을회관이 독거 어르신의 공동 홈으로의 역할을 하고 있다. 그런데 더 큰 문제는 도시 지역이다.

도시 지역 역시 경로당도 있고, 지자체에서 운영하는 노인복지센터도 존재한다. 아파트 단지마다 시니어 센터 등 다양한 이름으로 된 경로당이 있지만 어르신의 행복한 삶에 크게 기여하고 있다고 하기 어렵다. 노인복지센터 역시 혜택을 받는 노년층은 많지 않다.

외로움을 달래기 위한 복지 공간이 필요하지만 도시 노년층은 갈 곳이 없다. 사실 태안에 홀로 계신 내 어머니만 해도 아산에 와 함께 사는 걸 꺼려하신다. 그 중요한 이유 중 하나가 노인들이 숨쉬며 쉴 수 있는 공간 부족이다. 편의 시설은 풍부하더라도 고독할 수밖에 없는 도시보다, 불편해도 그나마 말벗이 남아 있는 시골이 더 낫다는 게 어머니의 생각이다. 평생 고생만 하신 어머니를 모시고 살고 싶은 마음도 크지만 도시의 삶이 과연 그를 행복하게 해 줄 수 있을지에 대한 확신은 나 자신에게도 없다.

그런 점에서 정부와 지자체는 도시 지역의 노년 세대 복지 공간으로 마을회관 모델 도입을 검토했으면 한다. 물론 공동체 의식이 희박한 도시 지역의 특성상 농어촌과 같은 구성원의 화합과 참여는 기대하기 어려울 수도 있다. 그러나 각종 지원 프로그램을 통해 아파트마다 존재하는 경로당이 보다 활성화할 수 있도록 노력할 필요가 있다.

아울러 혼자 사는 노인이 우울감을 떨쳐내도록 하기 위해선 사회 참여 기회를 확대하는 일도 중요하다. 특히 독거노인 대다수는 돈 나올 곳이 없는 상황이라 안정적 일자리가 필요한 실정이다. 지역 사회에도 도움이 되고 또 노인들의 소득 증가에도 기여할 수 있는 사회적 일자리를 지방 정부가 적극 발굴할 필요가 있다.

무엇보다도 독거노인의 고립을 예방하기 위해선 사회적 관심이 뒷받침돼야 한다. 지역사회가 나를 보살펴 주고 있다는 느낌을 갖게 해줘야 한다. 혼자 사는 노인에게 매일 같이 전화를 하는 '텔레케어' 서비스 같은 작고 사소한 정책적 노력들이 노인들이 우울감에서 벗어나는 데 도움을 준다.

누구나 세월이 흘러감에 따라 노인이 된다. 마치 나에겐 노인이 되는 시기가 오지 않을 것 같은 착각을 젊은 시절 하게 되지만 세월에는 장사가 없다. 그런 점에서 노인 외로움 문제는 언젠가 나에게 닥칠 문제이기도 하다. 공동체 구성원 모두 관심을 가져야 하는 이유가 여기에 있다. '지금'의 어르신뿐만 아니라 '미래'의 노인에게도 닥칠 문제이기 때문이다.

전쟁의 위험을 알리는
평화기념관 건립의 필요성에 대하여

/

한국전쟁 시 많은 분들이 북한 공산당에 대한 부역 혐의로 총살을 당했던 아픈 역사가 대한민국 곳곳에 있다. 아산도 다르지 않다. 지금까지 이 같은 부역혐의로 집단 총살이 이뤄진 장소 두 곳이 발굴됐다. 지난 2018년 아산시가 자체 진행한 유해 발굴 결과 설화산에서 208구의 유해가 수습되었고, 2023년에는 진실화해위가 배방읍 공수리 성재산 방공호와 새지기에서 총 64구의 유해를 발견했다.

성재산 현장의 경우 1950년 10월 4일 온양경찰서 업무가 정상화되면서 좌익부역 혐의 관련자와 그 가족 40~50명을 매일 밤 1~2회씩 학살한 뒤 유기한 곳이다. 진실화해위에 따르면 당시 희생자는 800여명에 이르는 것으로 알려졌다. 아직 많은 시신이 땅속에 묻혀있다는 이야기다.

발굴 지역 가운데 어린이와 부녀자 비율이 60퍼센트가 넘는 곳도 있었다. 이건 분명히 부역 혐의로 인한 처벌이라고 볼 수 없을 정도다. 명백한 국가의 폭력으로 판단될 수 있는 부분이다. 맹억호 아산 유족회장이 대표적이 케이스다. 맹회장님의 아버지는 천안 모 초등학교 교사였는데, 인민군을 찬양했다는 누명을 쓰고 대전형무소에 수감되었다가 무죄로 풀려났다. 하지만 무죄판결이 나오기도 전에 할아버지, 할머니, 작은아버지, 어머니 등 아홉 식구가 희생됐다고 한다. 그중에는 두 돌(2세, 1949년 7월~1951년 1월)도 안 된 삼촌도 있었다. 이후 맹 회장님의 아버지는 화병으로 돌아가셨다.

실제 유족들은 현장에서 좌익으로 몰려서 차별받고 손가락질 받았던 역사에 대한 분노보다는 부모님들의 시신이 아직 방치되고 것에 대해 매우 가슴 아파하고 있다. 그런 점에서 유해 발굴은 가슴 아픈 상처를 갖고 있는 대한민국 국민에 대한 인간적 도리를 다 하는 사업이다. 현재 탕정의 황골 등 여러 곳이 집단 학살지로 추정되고 있음에도 불구하고 진실과 화해 위원회는 유해 발굴 사업에 소극적이다.

유해 발굴이 학살자에 대한 분노를 표출하기 위해 또 다른 폭력으로 연결되어서는 안 된다. 아울러 소위 반민족 친일 정권에 대한 분노를 표출하는 이념 갈등의 계기로 활용되어서도 안 된다.

대신 전쟁이 주는 무서움을 알리는 계기로 우리는 소중하게 간직할 수 있다. 희로시마에는 원폭 피해자들의 추모 시설이 있다. 히로시마 평화기념공원이다. 공원내에는 평화기념 자료관, 원폭 위령비 등이 있다. 그들은 자신들에게 폭탄을 투하한 미군에 대한 분노와 증오의 마음으로 평화기념 공원을 받아들이지 않는다. 원자 폭탄의 위험성을 알리는 장소가 곧 원폭 피해자를 위한 평화기념공원이다.

같은 맥락에서 부역혐의자에 대한 유해 발굴은 그들의 잘못을 하나하나 따져서 논쟁하고 싸우자는 게 아닌 조상을 모시고자 하는 후손들의 아픔을 위로하고, 아울러 전쟁이 다시는 이 땅에서 벌어져서는 안 된다는 걸 각인하는 계기로 활용되어야 한다. 분단 국가이자 평화의 의미가 중요한 대한민국에서는 이러한 사례가 평화의 소중함을 알리는 계기가 될 수 있다.

아울러 유해 발굴이 이뤄진 이후에는 전쟁의 위험을 알리는 평화기념관도 필요하다고 본다. 필자가 한국전쟁 시 민간인 희생자 조례와 조례를 제정한 이유도 여기에 있다.

이 모든 아픔의 뿌리는 전쟁이다. 전쟁이 벌어지는 상황에서 사람들이 이성적으로 행동하길 기대하긴 어렵다. 증오와 분노가 난무하는 현장에서 무고하게 희생당하는 경우가 속출할 수밖에 없다. 전쟁이 갖고 있는 폭력성, 아울러 살상 무기를 독점하고 있는 국가가 갖고 있는 폭력성을 간과하는 경우가 많다. 그것이 현실 속에서 벌어지기 전까지 체감하기 어렵기 때문이다. 평화 공원은 이 같은 사실을 우리에게 늘 일깨워줄 수 있는 장소가 될 수 있다.

공무원은 공노비가 아닌 전문가 집단이다

/

공무원에 대한 민원인의 폭력이 뉴스에 등장하는 경우가 종종 있다. 실제 민원인들한테 맞았다는 이야기를 현장에서 심심치 않게 들을 수 있다.

공무원은 민원인 혹은 국민들에게 무조건 봉사해야 한다고 생각하는 경향이 존재한다. 그 개념 자체에 수정이 필요하다. 사실 공무원에 대한 관점은 한국 근대사에서 드라마틱한 반전을 겪었다. 조선시대와 일제 강점기를 거쳐 군사 정권시절까지 탐관오리 혹은 민중의 피를 빨아 먹거나 이권을 가지고 부정부패를 하는 집단이란 인식이 사람들 마음속에 강하게 남아있었다. 이 같은 공무원에 대한 분노는 지방자치를 실시하도록 하는 에너지가 됐다. 공무원의 수장인 지방자치단체장을 국민의 손으로 뽑음으로써 지방 공무원이 국민 위에 군림 못하도록 했다.

이후 선출직 단체장이 등장하면서 고압적이고 부정부패하는 공무원 문화는 상당부분 사라졌다. 과거 절대 권력자인 임명직 단체장에게 충성하며 기생하던 공무원은 이제 현장에서 퇴출됐다.

모든 공무원들이 민원인에게 보다 봉사하는 마음으로 일하기 시작했다. 지방자치가 만들어낸 무척 긍정적인 변화다.

그러나 정반대의 문제가 최근 불거지고 있다. 마치 공무원을 머슴 취급하는 일이다. 소위 갑질이다. 이것 역시도 또 다른 문제가 아닐 수 없다. 구부러진 수저를 펴려다 반대편으로 구부러진 셈이다.

특히 하위직 공무원의 경우 의회 의원, 민원인, 거기에 단체장까지 받들어 모셔야 하는 삼중고에 시달리고 있다는 호소를 자주 한다. 스스로 자신들은 조선시대 '공노비'에 빗대 을로 살아야 하는 비참한 현실을 개탄하기도 한다. 이 같은 환경에서는 공무원들이 21세기에 필요한 제 역할을 할 수 없다.

공무원은 국가의 공적인 일을 수행하는 정당한 노동자란 인식이 이제 필요하다. 분명한 인격을 가진 개인으로 인간적 존중을 받을 권리가 있다. 이런 점에서 공무원이 어떤 역할을 해야 되는지에 대한 새로운 사회적 합의가 필요하다. 일방적인 시혜와 헌신을 강요받아야 하는 존재가 더 이상 공무원이 아니다.

이제 우리에게 필요한 공무원은 자율적으로 지역사회에 대한 미래상을 그려 가는 능동적 공무원이다. 필자가 〈공무원 갑질 조례〉와 〈적극 행정 조례〉를 도입한 이유도 여기에 있다. 일에서 자부심을 가지고 스스로 계획을 세워 근무할 수 있는 계기가 주어진다면 공무원들은 분명 어느 민간 기업의 직원보다 훨씬 더 훌륭하게 역할을 할 수 있다. 왜냐하면 능력이 출중할 뿐만 아니라 잘 훈련된 집단이기 때문이다.

공무원은 공개적인 채용을 통해 경쟁력 있는 인원을 선발 한 후에도 매년 수백 시간씩 다양한 교육을 받는다. 재교육이 가장 잘 된 집단이 공무원이다. 그럼에도 불구하고 지시와 복종에 따른 기계적인 업무에 그치는 경우가 많다. 일부이긴 하지만 어떤 단체장은 선거 때 표가 떨어져나가는 게 두려워 공무원에게 무조건 민원인에 대한 복종을 압박하는 경우도 있다. 당장의 본인 이익을 위해 공동체의 건강한 긴장을 해치는 일이다.

한쪽이 일방적으로 권력의 우위를 점하면 조직은 부패하고 타락하게 된다. 공무원이 일방적으로 민원인을 억압하는 독재적 행태도 문제이지만 반대로 공무원을 하인 취급하는 행태도 동시에 문제가 될 수밖에 없다.

이제 공무원은 충분히 존중받는 동시에 자율적으로 지방 정부의 일들을 만들어 가는 전문가 집단으로 바뀌어야 한다. 결국 모든 건 사람이 하는 일이다. 유능한 공무원이 많은 지방 정부가 실력 있는 조직이 된다.

과거 독일을 철학자 헤겔은 세상 모든 일에 정반합의 과정이 필요하다고 이야기했다. 시간이 지나면서 문제가 생기면 사람들은 그걸 해결하려고 노력한다. 이게 자로 '정(正)'의 과정으로 생긴 문제를 바르게 만드는 절차다. 그런데 그 문제에 대한 해결 노력이 묘하게도 정반대(反)의 문제를 만들게 된다고 헤겔은 말한다. 그에 따르면 그래서 꼭 필요한 게 '합(合)'의 과정이다. 문제를 해결하려다 반대쪽으로 구부러진 수저를 펴는 과정이다. 여기에 성공하지 못하면 아이를 목욕시키고 난 뒤 아이까지 함께 시궁창에 버리는 우를 범할 수 있다고 헤겔은 말한다. 이제 대한민국의 공무원 위상에 관한 합의 필요한 시점이 됐다고 할 수 있다.

로컬푸드 활성화, 생산자 소비자의 윈윈 전략

/

농업.농촌 및 식품산업 기본법 제7조에 보면 중앙정부와 지방정부는 지역에 필요한 농산물의 생산 계획을 세우고 이에 맞게 생산하고 소비하도록 되어 있다. 이 같은 계획이 잘 수립된다면 매년 가뭄이나 홍수와 같은 자연재해 혹은 수급 조절에 실패해서 가격이 폭등하는 일이 잘 벌어지지 않을 것이다. 각 지방이 수급 계획을 세우고 국가가 합리적으로 조정하면 농산물 가격의 등락이 크게 있을 필요가 없다.

이 같은 농업 기본법의 목적은 간단하다. 수급 불균형에 따른 가격 등락을 막아보자는 취지다.

사실 과거부터 농산물 가격은 롤러코스터를 타는 적이 많았다. 한 해 가뭄 등으로 고추 가격이 폭등하면 높은 고추 가격으로 인해 전국의 농민이 일제히 고추를 심기 시작했다. 그리고 그게 시장에 나올 즈음이 되면 공급 과잉으로 고추 가격이 폭락했다. 반면 밭에 전부 고추를 심은 탓에 배추를 키울 땅은 부족해 김장철 공급이 줄어들면서, 배추 값이 폭등해 '금배추'라는 단어가 등장하게 된다.

어린 시절 내 어머니 역시 양파 가격이 좋다고 해서 그걸 심었다가 수확 철 폭락하고, 그 다음해는 마늘 가격이 좋다고 해서 심었다 폭락하는 경험을 몇 차례 했다. 농사를 지어 종자 값도 뽑지 못하는 경우가 많았다고 한다. 그 뒤 농사를 접고 식당일을 하시기 시작했다.

결국 농업 기본 계획은 이 같은 문제를 막아보자는 취지다. 그럼에도 불구하고 대한민국은 여전히 천 원 하던 농산물이 만 원으로 폭등하기도 한다. 모든 부담은 고스란히 농민이나 소비자가 부담한다.

우리는 이미 매년 드론이나 인공위성을 통해 정부가 한반도 남단 전체를 촬영하는 시대에 살고 있다. 이 같은 드론을 활용해 대한민국 모든 농경지에 대한 촬영이 가능하다. 이런 나라에서 아직까지 농산물 수급 계획이 제대로 안 세워진다는 건 말이 안 된다.

이와 더불어 농산물의 지역별 수급 균형을 맞추기 위해 문재인 정부는 푸드 플랜이란 정책을 실시했었다. 푸드 플랜은 지역의 먹거리에 대한 생산, 유통, 소비 등 관련 활동들을 하나의 선순환 체계로 묶어서 관리하는 시스템이다. 지역 구성원 모두에게 안전하고 좋은 식품을 공급하고, 지역 경제를 활성화시키며 환경을 보호하는 데 기여하도록 되어 있다.

이 같은 푸드 플랜에 근거하면 지역의 생산자 그룹과 소비자

그룹이 어떻게 하면 더 좋은 농산물을 생산하고 만들어낼지 함께 협의해 수급 계획을 세울 수 있다. 이를 바탕으로 지역에서 가까운 곳에서 생산되는 농산물을 보다 저렴한 가격에 신선하게 공급받을 수 있다.

실제 현재 농민이 판매하는 가격과 도시 소비자가 구매하는 가격 사이에 큰 차이가 발행하는 이유는 지역에서 생산되는 농산물이 서울로 올라갔다 다시 지역 소비자에게 전달되기 때문이다. 서울로 올라가는 데까지만 해도 그 비용이 트럭 당 30~40만 원이 소비된다. 여기에 중앙의 도매상들은 유통마진을 챙긴다. 농촌에서 저렴하게 판매된 농산물이 소비자에게 비싼 가격에 판매되는 일이 발생한다.

트럭 당 소비되는 물류비용과 가락동에서 실시되는 경매 비용만 절감해도 보다 싼 가격에 지역 농산물을 주민들은 소비할 수 있다. 현재 아산시에는 여러 개의 로컬 푸드 매장이 있는데, 이곳을 이용하는 지역주민들의 만족도가 매우 높은 편이다.

이걸 조금 더 의미 있게 구조화할 필요가 있다. 효율적으로 로컬푸트 생태계가 만들어진다면 지역 농민이 1천 원에 판매한 양파가 가락동을 거쳐 다시 아산에 도착해 가격이 두 배 폭등한 2천 원에 판매되는 일을 줄일 수 있다. 이게 곧 푸드 플랜의 궁극적 목적이 되어야 한다고 생각한다. 생산자와 소비자 모두 윈-윈 할 수 있는 전략을 만들 수 있다.

신도시,
아파트부터 짓고 시작하던 틀에서 벗어나야 할 때

/

새롭게 조성된 신도시 아파트 주민이 겪는 큰 고통은 기반시설 부족이다. 덩그러니 아파트만 들어 선 상태에서 학교나 쇼핑센터 혹은 문화시설이 전무한 경우가 많다. 일단 아파트부터 지어 놓은 뒤 이 같은 시설을 나중에 만들어 가는 탓이다.

문화센터나 쇼핑센터는 그렇다 치더라도 학교의 부재는 때론 심각한 문제를 야기한다. 어린 학생들이 먼 곳까지 등교하는 고통을 겪는다. 교통사고나 유괴 등 범죄에 노출되기도 한다. 먼 곳까지 차로 등교와 학교를 시켜야 학부모 입장에선 여간 힘든 일이 아니다.

현재 기준에 따르면 아파트 4천 세대가 확보되어야 학교를 지을 수 있다. 천 세대 정도 먼저 만들어진 아파트 주민은 3천세대가 채워지기 전까지 먼 곳으로 아이들을 등하교 시키는 고통을 감수해야 한다.

그러나 조금 더 관심을 갖고 문제 해결에 나선다면 길이 없는 것도 아니다. 현재 주거용 오피스텔의 경우 학생 수용 기준을 0.3명으로 잡는다. 즉 오피스텔 10가구가 지어지면 3명 정도 학생이 있는 것으로 가정한 가운데 학교 시설 계획을 세운다.

그러나 오피스텔에서 거주하는 학생 수는 대체적으로 이보다 적다. 주로 직장 생활을 하거나 학교에 다니는 1인 가구가 많기 때문이다. 따라서 학생들이 없음에도 불구하고 오피스텔이 대단위로 들어서면서 학교가 세워지기도 한다. 학교가 필요한 아파트 단지가 아닌 그렇지 않은 곳에 만들어지는 불균형이 발생한다.

행정력을 잘만 발휘한다면 법이 정한 학생 수용기준을 지키면서도 합리적으로 보다 많은 학생이 혜택을 받을 수 있는 길을 모색할 수 있다. 예컨대 신규 아파트 단지와 오피스텔 단지를 하나로 묶는 가운데 아파트에서 보다 가까운 곳에 학교를 세우는 길을 찾아보는 것이다.

아울러 이제 일단 아파트부터 짓고 보는 도시계획에서 벗어날 필요가 있다. 기본적인 기반 시설을 한 뒤 신도시를 조성하는 방향으로 바뀌어야 한다. 4천 세대가 만들어진 뒤 초등학교를 세우는 게 아니라 먼저 초등학교를 만들고 그 주변으로 4천 세대의 아파트를 조성하는 것이다. 문화센터도 아파트 조성에 앞서 먼저 지을 수 있다. 아울러 이 같은 기반시설에 대한 계획이 불분명한 경우 신도시 개발에 보다 신중을 기할 필요가 있다. 그래야 아산시의 난개발을 막을 수도 있고, 기반시설이 없어 고통 받는 일도 줄어든다.

이와 관련 개인적으로 만일 시장이 된다면 해보고 싶은 게 있다. 바로 신도시 상업 지구에 교육특구를 만드는 일이다. 신도시 상업지구 두 개 필지 정도를 교육용으로 용도 지정하면 된다.

그래야 천안으로의 인구 유출을 막을 수 있다. 아산의 젊은 주민들이 천안으로 이사 가는 이유는 교육 때문이다. 초등학교 때까지 아이들과 아산에 거주하다 중고등학생이 되면 학원이 있는 천안으로 이사 간다. 고등학교가 좋거나 잘 돼서가 아니라 학원이 없기 때문이다. 아산에 학원이 없는 이유는 천안보다 인구가 적은 이유도 있지만 지방 정부가 주도면밀하게 신도시 계획을 세우지 못한 탓도 있다고 본다.

과거 배방의 월천지구를 개발할 당시 했던 제안이 상업용지 중에 2개 필지를 교육용으로 지정하자는 것이었다. 교육용 용지로 지정하면 토지 가격이 저렴해진다. 예를 들어 상업지구가 3.3제곱미터당 500만 원이면 교육용 지구는 200만 원 정도 된다. 그러면 학원을 대규모로 조성할 수 있는 여건이 된다. 초기 투자비용이 저렴해진 탓에 학원하시는 분들이 학원 사업을 해볼 수 있는 환경이 마련된다.

집적화돼 있고 전문화된 학원이 있다면 아이들이 좁은 버스를 타고 천안으로 갈 일이 없어진다. 지역 경제의 역외 유출도 줄어든다. 교육 경쟁력을 높이기 위해서 좋은 학교를 만드는 일도 중요하다. 아울러 행정적으로 가능한 신도시 조성을 위한 기법들을 활용할 필요도 있다.

동네 소식통, 지역 밀착 풀뿌리 언론

인구가 37만 명인 아산에는 언론사만 180개에 달한다. 그 가운데 공중파 방송과 같은 대형 언론사도 있지만 대부분 인터넷 신문이다. 물론 많은 신문들이 아산시를 위해 취재하고 지역 문제를 공론화한다면 매우 좋은 일이다. 하지만 대부분 언론들이 시청에서 생산하는 언론 보도 자료를 공유하는 역할 정도에 그치고 있다.

물론 이 같은 언론 활동도 의미가 있다. 그러나 지방자치가 보다 활성화하기 위해서는 직접 지역과 관련된 뉴스를 생산하고 의제들을 만들어 가는 시민들이 직접 참여한 신문이 활성화해야 한다. 이를 바탕으로 지역 문제를 공론화하는 장을 만들 필요가 있다.

천안만 해도 아우내 신문이나 병천 신문과 같은 지역 기반 신문이 있다. 이 같은 작은 신문들은 지역의 생각을 모아내고 토론하고 공론화하는 데 중요한 역할을 한다.

이를 위해 필요한 게 시민들을 대상으로 한 미디어 교육이다.

흔히 미디어 리터러시로 표현되는 시민 교육은 취재와 기사 작성에 관한 지식과 기술을 시민들이 직접 습득함으로써 미디어 메시지를 능숙하게 만들고 제작할 수 있는 능력을 키워준다. 이를 바탕으로 미디어를 만들고 활용하는 데 시민들이 적극 참여할 수 있다. 아울러 미디어 리터러시 교육은 대중 매체에 내재된 권력 구조에 대한 이해를 도움으로써 언론 보도를 보다 정확히 이해할 수 있도록 해준다.

21세기 정보통신 사회는 정보의 양이 부족해서보다는 제대로 해석하지 못해 만들어지는 문제가 더 심각하다. 리터러시 교육은 이 같은 정보의 홍수 시대에 시민들이 보다 정확하게 정보를 해석하고 받아들일 수 있도록 해준다.

이런 맥락에서 주민자치회가 지역 예산을 심의하는 일 이외에도 지역 신문들 만드는 노력도 할 필요가 있다고 생각한다. 지역 문제에 관심도도 높고 아울러 많은 정보가 그곳을 통해 유통되고 있기 때문이다.

아울러 지역 언론들도 시청에서 제공하는 보도 자료 전달에 머물면서 의도와 관계없이 지방 정부와 단체장의 입맛에 맞는 기사를 써주는 틀에서 벗어나 자체 기사 생산에 좀 더 적극적으로 나설 필요도 있다.

그런 점에서 지자체의 언론사 지원도 시청이 배포한 보도자료를 얼마나 많이 보도해 주느냐가 아니라 얼마나 많은 기사를 독자적으로 발굴해 취재하느냐로 판단할 필요가 있다. 자체 기사를 발굴하는 동네 밀착 신문에 보다 많은 지원이 가도록 해야 한다.

　로이터 조사에 따르면 지역 언론에 대한 대한민국 국민의 신뢰도는 전 세계에서 바닥권이다. 이웃 일본만 해도 동네 신문의 신뢰도도 높고 아울러 이를 사람들은 많은 소식을 접한다. 이제 신뢰도도 높으면서 지역 소식을 알차게 전달하는 언론 매체가 필요한 시대가 됐다. 이를 위해 언론사 관계자와 지방 자치단체 모두 노력해야 할 필요가 있다는 생각이 든다.

폐기물의 효율적 재활용

/

　통상 가정에서 재활용을 담당하는 건 남편이다. 주말 아파트 재활용장에는 따라서 한 주간 쌓인 재활용품을 양손에 들고 나타나는 남성들이 자주 목격된다. 나도 물론 예외는 아니다. 그런데 가끔 헷갈리는 경우가 있다. 과연 이게 재활용품인지 아닌지 정확한 판단이 서질 않는다. 나 같은 사람이 많은 탓에 아파트 게시판엔 이건 되고 저건 안 된다는 걸 설명해주는 재활용 안내문이 붙어 있다. 때론 그걸 봐도 헷갈리는 경우가 많다.

　방법을 몰라서, 정확한 구분이 안 되서 플라스틱의 경우 평균 50퍼센트 정도만 재활용되고 있다고 한다.

　그래서 경력단절 주부들의 일자리도 확보하고 재활용률도 높이는 차원에서 공동주택 재활용 장에 해당 아파트 주민을 재활용 매니저 혹은 도우미로 활용하는 방법도 고려해 볼 수 있다. 그러면 재활용률도 높아지고 경력 단절 여성들의 일자리도 가능해질 수 있다.

　재활용 관련 또 하나의 문제는 원룸 촌이나 주택가에서 나오는 재활용품이다. 아파트는 그나마 재활용품 별로 분리가 이뤄지는 경우가 많아 재활용되는 비율이 높다. 그런데 일반 주택의 경우 재활용품 전체를 하나의 봉지에 담아 버리는 경우가 많다. 이런 경우 재활용률이 떨어진다. 빈병과 플라스틱 그리고 비닐 등이 함께 섞여 있을 뿐만 아니라 재활용이 안 되는 것 역시 그 안에 담긴 경우도 수두룩하다.

 더 큰 문제는 불법 투기다. 폐기물 처리 스티커를 붙여 버려야 하는 경우이지만 그냥 골목 어귀에 버리는 경우가 빈번하게 발생한다. 아파트는 이 같은 불법폐기가 이뤄지더라도 결국 관리사무소에서 처리하기에 그나마 낫다. 그러나 단독주택가의 경우 골칫거리가 아닐 수 없다. 그걸 단속하기 위해 CCTV를 설치해 불법투기를 막는 수비적인 정책에 그치고 있다.

　재활용 매니저나 도우미가 이 같은 단독주택 지역에서는 무척 중요한 역할을 할 수 있다. 재활용품을 효율적으로 관리하는 한편 불법 투기를 막는 활동을 통해 주택가 주거 환경도 개선하고 아울러 공공의 일자리 차출도 가능하다. 공공 일자리 사업의 일환으로 이 같은 재활용 매니저를 활용할 수 있지 않을까 싶다.

　자원순환이나 에너지 전환이라고 하면 거대한 사업을 생각하기 쉽다. 그러나 재활용률을 높이는 것부터 시작할 필요가 있다. 정부의 일자리 사업으로 동네 청소도 좋지만 실제 성과를 낼 수 있는 재활용활동가를 키워보는 건 어떨까 싶다.

중장년의 실제적인 일자리 확보 방안을 고심하다

/

아산시 지역 사회가 해결해야 할 또 다른 문제가 중장년 일자리 창출이다. 사실 중장년 일자리 문제는 은퇴 후 삶이 길어진 게 근본원인이다.

대개의 기업에서 60세가 되면 정년퇴임을 하게 된다. 그런데 21세기 60대는 노인이라고 부르기도 어색할 만큼 건강한 경우가 대부분이다. 더 일하고 싶고, 또 할 수도 있지만 정해진 정년이란 데드라인으로 인해 근무가 불가능하다. 기업입장에서도 임금이 높은 고령의 직원보다 젊고 참신한 직원을 선호할 수밖에 없다.

아산에서 특히 문제가 되는 이유는 현대 자동차 등 대기업 공장에 정년을 앞둔 노동자가 많기 때문이다. 현재 현대자동차 노조는 정년을 60세에서 65세로 높이는 투쟁을 하고 있다. 이게 받아들여진다면 모르겠지만 그렇지 않을 경우 정년이 얼마 남지 않은 베이비 붐 세대의 많은 노동자들이 공장 밖으로 나오게 된다.

현재 은퇴가 예정된 분들은 한국전 이후 소위 베이비붐 세대다. 대한민국 역사에서 연령층이 가장 두꺼운 세대다. 1년에 100

만 명씩 태어나던 시절이었다. 베이비 붐 세대가 본격적으로 은퇴를 시작하면서 중장년 일자리 문제는 보다 심각한 현실이 되고 있다. 이에 대한 대책이 아산시로서는 시급하다. 그들을 위한 일자리가 제대로 확보되지 않을 경우 자칫 빈곤한 고령층이 증가하면서 사회적 문제를 만들 수 있다.

현재 지방정부는 일자리 센터 등을 통해 일자리 매칭 등 중년층의 일자리 확보에 도움을 주는 정책을 실시하고 있다. 아울러 재교육 등도 진행하고 있다. 그런데 이 같은 기관을 통해 소개되는 일자리가 대체로 단순직인 경우가 많다. 사무직으로 퇴직한 경우, 혹은 한 공장에서 30년간 근무한 경우 전혀 해보지 못한 분야에 가서 일한다는 게 쉽지 않다. 아울러 공공 일자리는 숫자가 제한적이다.

따라서 지금부터 중장년 일자리 확보를 위한 여러 계획을 세울 필요가 있다. 개인적으로는 농업 분야가 일자리 창출에 중요한 역할을 할 수 있지 않을까 싶다.

농촌에서는 일자리가 부족한 게 현실이다. 지금 그 자리를 대부분 외국인노동자가 차지하고 있다. 발상의 전환을 통해 이곳에 은퇴한 중장년 인력 활용을 생각해 볼 수 있다.

농업하면 대체적으로 본인의 땅을 소유하고 그 곳에 작물을 경작하는 방식을 생각한다. 그러나 지금은 농업노동자를 고용하는 기업형 농업기업도 많다. 아울러 소규모 농업인의 경우 이미 고령화한 상태라 누군가의 도움이 절실하다. 물론 체력적인 한계가 있기 때문에 힘든 일을 담당하는 건 쉽지 않다. 그러나 밭일을 하거나 작물을 수확하는 일은 충분히 가능하다고 본다. 아울러 농업 자체도 계절별 노동자가 필요한 경우가 많다. 농업 분야는 은퇴 후 보다 자연 친화적인 삶을 살 수 있는 길이기도 하다.

적극적으로 농촌 일자리를 발굴해 중장년 센터 등을 통해 소개한다면 필요한 일자리를 찾을 수 있다. 지금도 충분히 가능한 데 사실 정보가 없는 관계로 매칭이 안 되는 경우도 있다.

중장년층이 일할 수 있는 또 다른 분야는 돌봄이 아닐까 싶다. 이제 노노케어라고 말이 나오고 있다. 지금도 3명을 어르신을 돌보는 경우 요양보호센터 신청이 가능하다. 본인 부모를 보살피기 위해 요양보호사 자격증을 따고 그리고 이웃의 어르신 2명 정도를 같이 돌보는 형태의 요양보호센터도 많다.

특히 여성뿐만 아니라 남성들도 이 같은 돌봄을 기반으로 일하는 시대가 올 수 있다. 돌봄의 영역이 이제 요양보호가 필요한 어르신들뿐만 아니라 요양보호 등급 이전 혹은 낮은 등급의 치매환자 혹은 한 부모 가정의 아이 등으로 확산되고 있기 때문이다. 이 같은 영역에서 중장년 남성들의 일자리가 만들어 질 수 있다.

다만 이 두 영역 모두 사회적 인식을 어떻게 극복할 수 있느냐가 과제다. 시골 가서 남의 땅에서 일한다고 하면 과거 조선시대의 소작농을 떠올리는 분들이 여전히 있다. 이 같은 사회적 인식을 어떻게 극복하느냐가 중요한 문제가 되지 않을까 싶다. 어르신이나 아이를 돌보는 일도 마찬가지다. 그걸 깨고 나갈 필요가 있다.

TV 한 프로그램에서 대기업 부장을 마지막으로 정년퇴직한 분이 물류센터에서 근무하는 장면을 본 적이 있다. 처음 그 분은 본인이 대기업을 다니면서 쌓았던 노하우를 활용할 수 있는 자리에 재취업을 하려고 했다. 그러나 일자리를 찾기 힘들었다는 게 그분의 설명이다. 이게 어쩔 수 없는 현실이다. 그걸 받아들일 필요가 있다.

아울러 이 같은 재취업에 대한 사회적 인식도 변화가 필요하다. 대기업에서 임원으로 일했던 사람이 퇴직 후 물류센터에서 근무하지 말라는 법도 없다. 이를 부정적으로 보는 일단의 사회적 인식에도 변화가 필요하다는 생각이다.

이주 노동자의
입국 조건과 생활환경에 더 큰 관심을

/

　아산 인구의 10퍼센트가 이제 이주민이다. 10명 중에 한 명이 외국인인 셈이다. 출산율이 감소하고 고령층이 증가하는 상황에서 줄어드는 경제활동인구를 유지하는 방법은 외국인노동자를 받아들이는 길 이외에는 없다. 그럼에도 불구하고 아직까지 대한민국은 정부나 국민이나 해외 근로자 수용에 소극적인 상황이다.

　보다 적극적으로 문제 해결을 고민해야 한다. 외국인노동자가 더 많이 필요한 시대가 이미 코앞에 다가왔기 때문이다. 지방정부도 마찬가지다. 우선은 외국인 근로자의 처우에 대한 보다 깊은 관심이 필요하다. 과거 외국인 근로자의 경우 컨테이너나 비닐하우스에서 거주 하는 경우도 어렵지 않게 목격할 수 있었다. 본인들 입장에서는 주거비를 아낄 수 있는 길이기도 했겠지만 열악한 상황에서 사건 사고도 많았다.

　이에 대한 비판이 거세지면서 지금은 대부분 일터 근처의 원룸 같은 곳에서 거주하고 있고, 일부 기업의 경우 주거비를 지원하기도 한다. 이렇듯 외국인의 처우에 대해 법이 정한 범위를 벗어난 행위가 이뤄지는 지 지방정부가 잘 살펴볼 필요가 있다. 정주 여건이 안정되어야 노동 효율도 증가하고 그들의 대한민국에 대한 인식도 좋아진다.

아울러 외국인 단체와의 교류도 활성화할 필요가 있다. 실제 아산의 경우 베트남인 등은 베트남주민회와 같은 자체적인 단체를 만들어 운영하고 있다. 이들과 보다 적극적인 대화를 지방정부가 할 필요가 있다.

무엇보다 중요한 건 언어 교육이다. 언어 소통이 안 되는 경우 현장에서 사고도 많고 분쟁도 자주 발생한다. 실제 아산시의회 경제사회위원장으로 활동하는 동안 일선 현장에서 외국인노동자가 말을 못 알아들어 사고가 나는 걸 여러 차례 목격했다.

의사소통이 안 될 경우 한국 사회에 녹아들기도 쉽지 않다. 같은 국적의 사람들과 지내는 것에서 벗어나지 못한다. 편의점 가기도 녹록치 않고, 식당에서 음식 주문도 어려운 경우가 많다. 이 문제 해결에 지방정부가 보다 적극적으로 나설 필요가 있다.

특히 고려인 출신 외국인이 많은 아산의 경우 이 같은 의사소통 문제 해결이 더욱 절실하다. 베트남이나 방글라데시 등 동남에서 온 외국인노동자의 경우 입국이 허가되고 산업 비자를 받기 위해서는 어느 정도의 언어 능력을 갖춰야 한다. 반면 우즈베키스탄 등에서 온 고려인 후손의 경우 언어 능력에 관한 조건이 면제 된다. 즉 어학 능력을 증명하지 않아도 입국이 가능하다. 그 분들에 대한 일종의 혜택인 셈이다.

그런데 이 분들 가운에 한국말을 전혀 못하는 경우가 대부분이다. 비록 같은 핏줄이라고 할 수 있지만 언어적으로 완전히 다른 집단이다. 따라서 소통이 되지 않아 오히려 동남아에서 온 외국인보다 더 많은 문제를 발생시키기도 한다. 입국 전 어학 능력에 대한 평가는 면제하더라도 이후 일정정도 국가의 지원 아래 어학교육을 해줄 필요가 있다. 그건 그들이 한국에 보다 잘 적응하도록 돕는 일인 동시에, 그들의 선조가 살았던 나라를 보다 깊게 이해할 수 있도록 해주는 길이다.

　같은 맥락에서 지방자치단체 역시 지역에 거주하는 노동자들에게 단 며칠이라도 기본적인 언어 교육을 해주는 시스템이 필요하다. 이를 바탕으로 현장에서 발생하는 사고를 방지할 수 있다. 아울러 타국에서 일하는 그들에게 대한민국의 지방 정부가 든든한 동반자라는 사실도 알려줄 수 있다.

　뒤에서 보다 자세하게 살펴보겠지만 사실 외국인은 투표권이 없기 때문에 선출직 지방자치단체장이 소홀히 하기 쉬운 집단이다. 그러나 이제 우리 사회의 중요한 일부가 된 만큼 적극적인 행정이 필요하다.

방치된 공공용지의 활용법, 햇빛 발전

/

　2020년 8월 아산시 송악면에는 기록적인 폭우가 쏟아졌다. 어르신 2분이 물꼬를 보러 나갔다 실종되신지 한참 만에 발견되셨고 약봉천, 온양천은 모두 터졌다. 2023년은 부여, 청양, 논산의 피해가 컸다. 매년 더 심해지는 여름철 집중호우의 양이 이제 극한호우라 부를 만큼 매섭다. 과거 태풍이 몰고 오는 비구름과는 전혀 다른 양상이다. 모두 지구 온난화의 영향이란 게 전문가들의 설명이다.

　국립기상연구소의 연구 결과에 의하면 지난 100년 동안 우리나라 평균 기온은 약 1.5℃ 상승했다고 한다. 이 기간 동안 세계의 평균 기온은 약 0.6℃ 올랐다. 아열대로 변해가는 과정에 아산에서도 열대과일을 시설에서 재배한다.

　누구나 화석 연료 사용에 따른 이산화탄소가 과다하게 배출로 오존층이 파괴되고 지구가 뜨거워지고 있음을 안다. 특히 우리 다음 세대의 삶의 조건을 심각하게 훼손하고 있다는 것을 알고 있음에도 우리는 평소와 크게 다르지 않게 살아간다.

지방정부에서 가끔 캠페인하고 교육하는 것만으로는 시민들이 지구 온난화 문제 해결에 함께 하지 않는다. 보다 적극적인 활동이 필요하다. 아울러 그 활동이 주민들에게 의무를 강요하기보다

즐거움을 제공하고 아울러 수익도 만들 수 있다면 금상첨화다.

그런 점에서 별다른 용도 없이 방치된 공공용지를 이용한 주민주도형 햇빛발전을 생각해볼 수 있다. 노는 땅을 적극 활용하는 셈이다. 태양광발전소 설치가 가능한 건물옥상, 주차장 등 부지를 발굴해 태양광 설비를 할 수도 있다.

부담되지 않는 정도의 돈을 공공용지 주변 주민이 직접 출자하고 동네 사는 전문가가 시공에 참여하고 운영이나 유지보수도 동네 주민들이 직접 하면 일자리도 만들어지고 출자에 대한 배당도 받으니 모두가 상생하는 모델이 만들어 진다.

태양광 설비를 통해 생산된 전기는 한국전력에 판매되며, 이를 통해 얻은 수익 중 일부는 임대료로, 나머지는 협동조합에 참여한 주민들이 나눠 갖게 된다. 지방 정부는 놀고 있는 공공용지에서 임대료 수익도 얻을 수 있다. 대신 지방 정부는 전문가 컨설팅, 구조물 안전진단, 참여 협동조합의 적정성 평가 등을 통해 설치여부 결정을 지원할 필요가 있다.

갈수록 신재생에너지에 대한 수요가 증가하고 있다. 이미 많은 수의 글로벌 기업들은 자발적으로 RE100 캠페인을 벌이고 있다. RE100 캠페인은 기업이 사용하는 전력의 100퍼센트를 2050년까지 태양광, 풍력 등 재생에너지로만 충당하겠다는 국제 캠페인이다.

삼성의 경우 일부 해외 사업장에서 이미 재생에너지 100퍼센트 사용을 달성한 것으로 알려졌다. 반면 국내 사업장의 재생에너지 사용은 미미한 수준이다. 재생에너지를 쓰고 싶어도 반도체 생산 등에 필요한 전력을 확보할 수 없기 때문이다. 아산에서 생산된 전기를 현재 아산에 있는 삼성이나 현대가 보다 적극적으로 구매에 나설 수 있는 여건은 마련된 셈이다.

실제 경기도는 이미 도내 공공부지를 활용해 지역주민과 함께 태양광발전소를 설치하고 그 이익을 공유하는 햇빛발전소 사업을 지난 2020년부터 실시하고 있다. 이 같은 선례를 벤치마킹 한다면 보다 효율적인 사업추진이 가능하다고 본다.

제2장

/

시민이 바라지만 잘 안되는 것들

모두 상생, 지역상품권 발행

/

어르신들이 건강을 위해 목욕이용권을 무료로 받아 쓸 수 있는 곳이 아산이다. 아이들은 친환경농산물 56퍼센트, 지역농산물 65퍼센트가 포함된 건강한 식단을 학교에서 제공받는다. 그런데 정작 아산을 만들어가는 경제활동 층인 30대~50대에게는 권리보다는 의무가 많은 게 사실이다.

학원도, 백화점도, 병원도 인근 천안이나 평택으로 가야하니 억울하기도 하다. 그런 가운데 관광으로 유명한 도시들이 먼저 만들어 유통하다 코로나 시기 소상공인 대책으로 확대된 지역상품권은 어려워진 바닥경제의 작은 숨통 역할을 해왔다.

지역화폐는 지역 내 소비를 활성화해 지역경제를 살리고 소상공인을 보호하자는 취지에서 도입됐다. 코로나19 이후 거리 두기 확대 등으로 골목상권이 위협받으면서 중앙정부의 재정 투입이 크게 늘었다. 높은 할인율 때문에 소비자 호응도도 높다.

동네 학원도, 주유소도, 옷가게도 받으니 아산 지역경제의 역외유출도 막을 수 있고 10퍼센트건 5퍼센트건 할인받으니 살림에도 쏠쏠한 게 여러모로 이익이다. 사용도 온라인에 카드발행까지 되니 어려울 것도 없으며 농민수당 등 정책 홍보와 효과성 제고에 도 도움 된다.

모두에게 이익이 되는 지역상품권을 계속 발행하려면 그동안 지원되던 국비와 도비가 함께해야 한다. 아산시 재정만으로는 과거의 할인율과 발행규모를 유지할 수 없다. 그 어떤 정책보다 정책수혜대상이 넓으며 효과성 또한 시민들이 보증하는 제도다.

그러나 윤석열 정부가 들어선 첫해 국비 절반이 삭감 되었다. 지역화폐는 지방자치단체 고유 사무이기에 국가 재정을 가능하면 쓰지 않겠다는 이유에서다. 지역화폐를 계속 발행하고 싶은 지자체는 기존 교부금을 활용하라고 이야기한다.

지역화폐 정책은 이재명 더불어 민주당 대표의 상징적 정책으로 통한다. 성남시장과 경기도지사 재임 시절 추진한 핵심 사업으로, 현재 전국 232개 지자체가 지역화폐를 발행 중이다. 윤석열 정부의 예산 삭감에는 실상 전임 정부의 핵심 사업이자 차기 민주당 대권후보의 상징과도 같은 정책을 지원하기 힘들다는 생각이 분명 깔려있다. 시민을 위한 좋은 정책이 정쟁에 휘말리는 듯해 안타깝다. 정치적 반대파의 핵심 공약이라고 할지라도 국민이 요구하면 받아들여야 하는 게 민주국가다. 이를 윤석열 정부가 인정할 필요가 있다.

실제 2022년 지방 선거에서 국민의 힘 출신 단체장 후보들은 당과 대통령 입장에 발맞춰 지역화폐를 폐지하겠다는 공약을 내놓은 경우가 적지 않았다.

그러나 폐지까지 간 지자체는 극히 드물다. 국비나 광역단체의 지원이 줄어든 상황에서도 이를 유지하는 국민의 힘 단체장이 부지기수다. 대표적인 케이스가 바로 서울 서초구다. 강남 3구 중 하나인 서초구는 국민의 힘이 대통령을 배출했음에도 불구하고 여전히 지역화폐를 유지하고 있다. 지역 화폐가 지역경제를 활성화하는 데 도움이 되는 탓이다.

대신 구비의 비중이 늘었다. 2023년 지역화폐 예산 55억 5천 500만 원 중 47억 5천 500만 원이 구 예산으로 충당된다. 전년도 58퍼센트를 차지했던 구비가 올해 85.6퍼센트로 증가했다.

서초구는 대한민국에서 몇 손가락 안에 꼽히는 부자 자치단체다. 구예산의 주요 수입원 가운데 하나가 부동산 취등록세인데, 부동산 가격이 비싼 덕분에 서초구의 취등록세 수입은 아산시와 비교할 수 없을 만큼 크다. 따라서 국비 지원이 없어도 지역화폐 유지에 부담이 없다. 그러나 아산시는 다르다. 아산시 같은 경우 앞서 언급했듯이 국비가 줄어든 가운데, 지역화폐에 필요한 예산의 85퍼센트를 부담하는 일이 너무 벅차다.

지역 경제에 도움이 되고 시민들이 반기는 정책을 단지 정권이 바뀌었다고 폐지하는 것은 어쩌면 국민의 복지와 국가 경제를 정치의 정쟁에 사용하는 구태의연한 일이다. 정쟁을 넘어 보다 큰 안목으로 사회를 바라보는 시선이 필요하다. 이 같은 원칙은 소속 정당을 떠나 대한민국 모든 정치인에게 필요한 덕목이 아닐까 생각된다.

분쟁이나 준비절차 없는 마을안길 포장

/

　시골길을 가다보면 갑자기 포장이 안 돼 당황하게 되는 경우를 겪게 된다. 두 가지 이유를 생각해보면 된다. 포장사업에 필요한 사업비를 확보하지 못했거나 땅주인의 동의를 받지 못한 경우다.
　1970년대 새마을사업의 일환으로 도로 확장과 포장을 하면서 좋은 마음으로 모두를 위해 '희사'한 땅이 자녀에게 상속되면서 '난 그럴 의사가 없다'는 사례도, 이웃이나 옆 동네와의 분쟁으로 '앞으로는 못 다니게 할껴'라며 몽니를 부리는 사례도 있다.
　아산시의 공식 도로는 7천323킬로미터다. 그 중 국도는 1천450킬로미터이고 지방도가 1천329킬로미터다. 나머지 시군도는 4천544킬로미터로 가장 길다. 계획된 시군도 가운데 개통되지 않은 도로는 2천94킬로미터가 된다. 계획만 있을 뿐 실제 포장은 사업비가 확보되어야 가능해지는 도로다. 도로 계획이 잡혀 있는 탓에 재산권을 행사하지 못한다는 민원이 따라서 자주 발생한다.
　그런데 통계에 잡히지 않는 마을안길도 있다. 흔히 이야기하는 '사도'다. 내용상 도로이지만 공식 문서상에는 특정 개인의 땅이다. 따라서 도로 포장 시 소유자 동의가 반드시 필요하다. 사유재산권이 보장되는 자본주의 국가에서 개인 재산은 설사 국가라고 할지라도 전쟁 등 특별한 상황이 아니면 함부로 건드릴 수 없다. 사유재산의 절대적 권리 인정이 근대 자본주의 사회의 핵심 골간이다.

여기서 문제가 발생한다. 공공의 이익을 위해 마을 안길을 포장해야 하는 상황이 발생했는데 소유자 동의를 얻지 못해 불가능해지는 경우가 발생한다. 예컨대 홍수로 지반이 무너지는 일이 벌여져 긴급하게 마을 안길을 보수해야 하는 일이 생겼다고 해보자. 그럼에도 불구하고 소유자가 반대하면 작업을 하기가 쉽지 않다. 소유자는 '지금까지도 내 땅을 무상으로 써왔으니 고맙게 생각하고 보수하려면 땅을 사가던지, 아님 그 땅을 다른 용도로 쓰겠다'고 엄포를 놓는다.

정확히 계산한 바는 아니지만 현재 포장 요구가 있는 마을안길을 매입하려면 수백억 원이 소요된다. 당장 포장 요구가 없는 사도까지 포함하면 매입 금액은 10배 이상 증가한다. 급하다고 포장 요구가 있는 마을 안길을 매입하다보면 너도 나도 내 땅 사달라는 민원이 쏟아질 가능성이 높다. 그럴 경우 아산시에서만 사도 매입에 수 천 억 원이 필요할 지도 모른다. 지금까지는 동네 이장님이나 읍면동의 산업팀장님, 토목기사의 인맥 동원과 중재 노력으로 정말 시급한 곳 위주로 땜빵 처방만을 해온 게 사실이다.

비단 이건 아산만의 문제가 아니다. 전국의 모든 지방정부가 겪는 고통이다. 그럼에도 불구하고 조금도 진척되거나 공식적인 해결 실마리를 찾지 못하고 있는 오래된 걱정거리다.

포장이 제대로 되지 않아 불편을 겪는 동네 주민의 고초도, 개인 재산에 대한 권리를 행사하겠다는 소유자의 마음도 십분 이해가 간다. 과거 1970대처럼 대를 위해 소를 희생하라면서 윽박지를 수도 없다. 따라서 보다 민주적인 해결책이 필요하다.

만일 아산시를 책임지는 단체장이 된다면 이 문제 해결에 나서 보고 싶다. 개인적 노력으로 문제가 되는 곳을 찾아가 직접 설득하고 대화하는 노력과 더불어 각 지방자치단체의 좋은 사례도 모아보고 중앙정부에게 요청해야 할 일은 각 지방자치단체장의 힘을 모아 강력하게 건의도 해보고 싶다. 뜻이 있는 곳에 길은 분명이 있다는 믿음을 갖고 추진한다면 분명 해결할 수 있지 않을까 싶다.

아프면 쉬어도 되는 세상, 유급병가

/

'아프면 쉬세요'

코로나라는 전염병이 우리에게 준 선물 같은 말이다. 2021년 기준 우리나라의 노동시간은 OECD 평균보다 199시간 높은 1천 915시간으로 세계에서 손꼽히는 일 열심히 하는 나라다. '아파도 참으면서 일했다' '병원 갈 시간도 없었다'는 말을 훈장처럼 자랑하는 나라였다.

이제 MZ세대 직원 뿐 아니라 누구에게도 부당한 초과시간 근무나 아픈 걸 참고 일하라고 명할 용기 있는 사용자는 서슬파란 노동법 위압 앞에 없다. 그런데 진짜 없을까. 꼭 그렇지만은 않다. 이유는 간단하다. 내가 아파 쉬면 옆 동료가 힘들어지기 때문이다. 내 자리를 메워줄 사람은 내 옆 동료밖에 없는 탓이다.

따라서 내가 없으면 동료가 힘들어지기에 참고 일하는 경우도 많다. 법직으로는 아프면 쉴 수 있는 권리가 보장되지만 그 일을 대체할 수 있는 인력을 어떻게 지원할 지에 대한 미비함으로 인해 아파도 쉬지 못하는 경우가 많다. 이 문제를 해결해야만 옆 동료에게 미안해 쉬고 싶어도 그렇지 못하는 경우가 줄어들 수 있다.

근무 중 발생한 사고에도 쉬지 못할 때가 있다. 예컨대 요양원에서 근무하는 돌봄 노동자의 경우 어르신들이 다칠까봐 부축하는 과정에서 이렇게 저렇게 힘을 쓰는 경우가 많다. 그러다 보면 허리나 팔목 그리고 발목 등에 압박이 가해진다. 실제 허리가 아프거나 발목이 아파 쉬어야 함에도 불구하고 대체 인력이 없어 계속 일하는 경우가 허다하다.

아파도 쉬지 못하는 또 다른 대표적인 케이스는 자영업자다. 실제 코로나가 한창인 시절 분명 양성인 듯싶지만 격리가 두려워 검사도 받지 않은 상태에서 진통제와 해열제로 버티면서 가게를 운영하던 자영업자 분들이 있었다. 직장인은 아프면 유급 휴가가 가능하지만 자영업자분들은 아프다고 쉬면 돈을 못 버는 건 둘째 치고 고스란히 월세 부담을 떠 앉아야 한다. 과연 이 문제는 어떻게 해결해야 할 것인가. 많은 고민이 필요하고 또 해결책이 필요하다.

그래야 자영업 하다 몸이 망가지는 경우를 줄일 수 있다. 결과적으로 국민이 건강하지 못하면 의료비가 증가하고 이는 곧 국가의 부담으로 부메랑처럼 돌아온다. 그분들이 아플 때 쉴 수 있는 시스템을 만드는 게 오히려 국가재정에 장기적으로 도움이 될 수도 있다.

아울러 노동법으로 보호받거나 구제받지 못하는 학습지교사나

보험설계사, 택배원, 중장비기사 등 특수고용직에게도 아프면 쉬는 일은 사치일 수 있다. 실제 하루 벌어 하루 살아가야 하는 생계 문제로 인해 병원가길 주저할 수 있다.

헌법 34조에 따르면 모든 국민은 인간답게 생활할 권리가 있는 동시에 국가는 사회보장과 사회복지의 증진에 노력할 의무를 지고 있다. 이 같은 조항에 근거할 때 아파도 쉬지 못하는 건 국민의 권리가 침해되는 일이라고도 할 수 있다. 이 권리를 지켜주지 못하는 국가는 의무를 소홀히 하는 셈이다.

대전시의 경우 2023년부터 1인 자영업자에게 입원 치료 기간 동안 발생한 영업 손실을 지원하는 자영업자 유급병가 지원 제도를 실시한다. 대상은 본인이 일을 하지 않으면 문을 닫아야 하는 1인 사업장이다. 지원 대상은 대전시에 거주 및 사업장을 운영하고, 건강보험 지역가입자 중 기준 중위소득 150퍼센트 이하의 1인 자영업자로 질병·부상 등으로 병원에 입원하여 진료를 받은 경우, 신청할 수 있다고 한다.

지원 기간은 연간 최대 11일이며, 대전시 생활임금을 적용하여 하루 8만 6,400원씩 최대 95만 400원까지 지원받을 수 있으며, 현금으로 지급된다. 충남과 아산 역시 이 같은 제도를 적극 검토해볼 필요가 있다.

왜 우리 동네는 관리소가 없나, 마을관리소

/

 아파트에는 관리사무소가 있다. 내가 신경 쓰지 않아도 직원분들이 계단이나 주차장 등을 청소하고 관리 해준다. 이런 저런 정보도 전달해 주고 각종 서비스도 제공한다.
 그런데 다세대주택이나 단독주택에는 이 같은 관리 사무소가 없다. 따라서 모든 걸 스스로 해결해야 한다. 분리수거 등을 알아서 해야 하고, 대문 앞에 버려진 쓰레기도 내가 청소해야 한다. 집 안에 전원이 나가거나 수도에 이상이 생겨도 자문하고 물어볼 관리 사무소가 없다. 혼자 사시는 어르신은 형광등 하나 갈아줄 이웃이 없고 홀로 아이 키우는 여성은 비뚤어진 문짝을 만져 줄 관리소장님이 없다. 이런 점 때문에 단독주택이나 원룸 단지에 거주할 경우 답답한 점이 많다.
 생활쓰레기 분리수거가 잘 안 되는 이유도, 어두운 골목으로 귀가하는 게 걱정이 되는 이유도 마찬가지다. 동네를 관리해주는 서비스가 제공되지 않는 탓이다. 이 같은 현실을 그냥 있는 그대로 받아들이면 그만이지만 반대로 문제를 해결하자면 방법도 찾을 수 있다.

　단독주택이나 원룸 단지에 마을 관리소를 설치하는 것이다. 혜택을 받는 주민들이 실비를 부담하고, 아울러 도시 미화에 편성된 지방자치단체 예산 일부를 보조할 수 있다. 앞서 언급한 재활용 도우미 사업과 연계한다면 보다 안전하고 깨끗한 골목길을 만들 수 있다.

　실제 이미 이 사업을 실시하고 있는 경기도의 경우 95개 마을 관리소에서 주민들이 영화도 보고 동네 장미터널도 가꾸고 정리수납하는 강의도 듣는 등 다양한 사업이 이뤄지고 있다고 한다. 아울러 공구 대여와 간단한 집수리, 택배 보관서비스도 해준다.

　아산시의 경우 2021년 기준 1인 가구 비중이 전체 33.4퍼센트인 2만 1,448가구나 되는 데 대부분 단독 주택에 거주한다. 즉 단독 주택에 거주하는 경우 더더욱 택배를 대신 받아주는 등 누군가의 작은 도움이 필요한 경우가 많다.

지방정부는 이제 각종 지원을 통해 가처분소득을 올리는 사회복지와 함께 생활의 어려움을 작은 것부터 해결해야 할 필요가 있다. 이게 곧 생활밀착형 지방 정부가 되는 길이 아닐까.

도는 도답게 시는 시답게라는 말이 있다. 시장은 시장의 권한이 있고 도지사는 도지사의 권한이 있다. 그런 점에서 사실상 지역 살림을 맡아 운영하는 사람은 시장과 군수다. 따라서 못살고 잘 살고는 그 지역 군수나 시장 책임이다. 시장은 행정의 주체가 돼 청소, 복지 등 공공행정 서비스의 질을 높이는 동시에 주민 자치 활동을 강화하는 역할을 해야 한다.

시민의 작은 일에 깊은 관심을 갖는 게 바로 시가 시답게 일하는 방식이 아닐까 싶다. 주민관리소의 설치와 운영이 비록 크게 티도 나지 않고, 번거롭더라도 주민들에게 생활밀착형 서비스를 제공하는 데 분명 큰 보탬이 될 수 있다.

내 의견은 누가 들어주나, 숙의민주주의

주민 참여를 촉진하기 위해 많은 지방 정부가 주민자치회를 확대하고 있다. 아산만 해도 주민자치회라는 형태로 읍면동 별로 인원을 50명 수준으로 늘렸다. 주민 자치위원회는 원래 풀뿌리 민주주의의 핵심으로 생각됐다. 지역의 주요 사안을 검토하고 결정하는 기초 단위다. 이를 바탕으로 시민들이 요구하는 바가 정책에 잘 반영될 수 있도록 지방정부는 주민자치회 확산과 정착에 심혈을 기울였다.

그러나 현재 운영되는 주민자치위원회는 당초 생각과는 달리 '민원 창구'란 방향으로 다소 변질되고 있다. 군부대 이전이나 소각장 설치와 같은 민원성 사안이나 큰 문제가 발생하는 경우에만 적극 나서는 경향이 있다.

이유는 주민들 자체가 지역의 주요 문제에 관심이 별로 없기 때문이나. 그선 본인이 해야 할 일이 아닌 지방 정부가 알아서 해주어야 할 일로 생각한다. 그러다 본인들에게 불리한 상황이 벌어지면 민원을 제기하고 집단 항의를 한다.

이런 상황에서 주민자치회를 통해 지방 자치에 대한 좋은 아이디어가 나오길 기대하기는 쉽지 않다. 주민자치회로 이뤄지는 행정의 폭이 자연스럽게 좁아질 수밖에 없다.

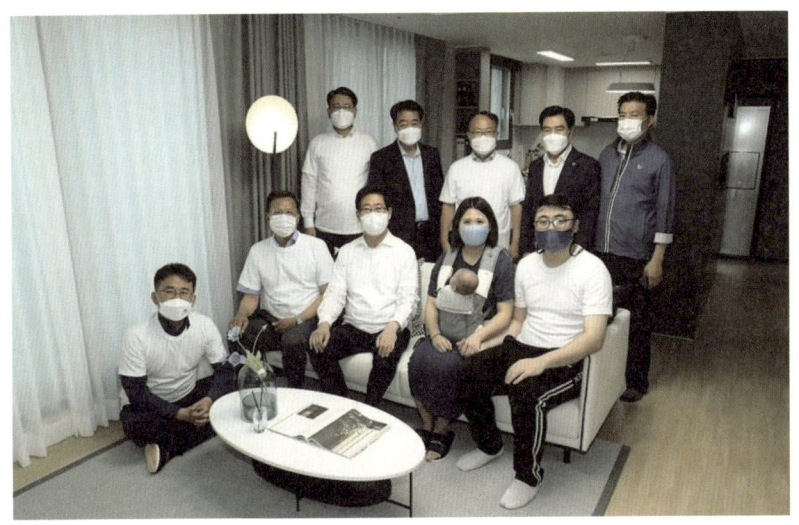

한편으로는 과거처럼 지방 정부가 주민은 민원을 해결해주는 데 한계가 있다. 힘 있는 시장이나 국회의원을 선출하면 국고에서 더 많은 돈을 끌어다 지역에 베풀어 줄 수 있는 폭이 과거엔 그래도 넓었다고 한다. 그러나 지금은 매우 제한적이다. 민주화 이후 모든 게 시스템적으로 움직이고 있기 때문이다. 따라서 민원을 제기하고 이를 해결하는 통로로서 주민자치위원회는 시간이 지날수록 비효율적으로 바뀔 수밖에 없다.

예를 들면 아산의 군부대가 배방읍 수철리로 옮겼다. 이렇듯 지역에 기피시설이 들어설 경우 주민들은 이에 대한 보상을 요구한다. 처음엔 금전적 지원을 요구했다. 그러나 법령상 대통령 할아버지도 현재 현금 지원은 불가능하다. 그러자 주민들은 한우라도 키워볼까 해서 한우 사육비용을 지원받았다. 대규모 축사가 건립 되었으나 운영이 생각만큼 쉽지 않으면서 오히려 여러 부정적인 일이 만들어졌다.

그 문제를 바라보면서 안타까운 마음이 컸다. 정부가 베푸는 시혜가 무조건 내 삶에 도움이 될 것이란 착각이 만든 비극이었다. 손해 보는 만큼 무조건 뭔가 받아내자는 단순한 생각이 만들어 낸 슬픈 단면이었다.

이런 상황에서 주민 자치위원회를 민원 제기 통로가 아닌 지역의 분쟁 사안을 심도 깊게 검토하는 숙의 민주주의의 장으로 활용하는 게 필요하다. 따라서 아산과 같은 성장한 도시는 주민 기피시설 설치 등 분쟁의 소지가 많은 사안에 대해 숙의 민주주의를 해볼 필요가 있다.

숙의 민주주의에는 세 가지 방식이 있다. 전문가 집단이 하는 게 있고 패널들이 하는 게 있고 전체 시민을 대상으로 한 여론조사 방식의 방법이 있다. 그 가운데 200~300명 정도의 패널이 모여 숙의 절차를 거치는 게 가장 좋은 방법으로 꼽히고 있다. 이 같은 숙의 민주주의 절차를 좀 더 다양하게 확대할 필요가 있다. 현재 지자체별로 구성되어 있는 주민자치회가 이 같은 숙의 민주주의를 실행하는 통로로 역할을 할 수 있다.

물론 문제가 없는 것도 아니다. 숙의 과정에서 시간이 걸리고 또 주민 간 갈등이 더 심하게 드러날 수 있다. 맹정호 전 서산시 시장이 이와 관해 쓴 글을 본 적이 있다. 맹 전시장은 당선 후 폐기물 시설의 설치와 터미널 이전 등 몇 가지 주민 간 이해가 엇갈리는 사안에 대해 숙의 절차를 진행했다. 그런데 행정 처리에 시간도 걸리고 주민 간 불편한 설전도 여과 없이 드러나는 경우가 잦았다. 그러면서 재선에 실패했다는 게 그 분의 말씀이었다. 때론 빠른 의사 결정이 필요한 게 아니냐는 반성의 글이었다.

그 글을 보고 많은 걸 느꼈다. 숙의 과정을 거치더라도 어쨌든 절차가 너무 늘어지는 걸 막을 필요는 있다. 그렇다고 이 같은 단점 때문에 숙의 민주주의 자체를 포기할 수는 없다는 게 나의 생각이다.

단체장은 시혜를 베풀고 주민은 그 은덕에 감사함을 표시하는 구조로 민주주의는 유지될 수는 없다. 주민 스스로 자신의 삶과 직결된 문제에 보다 적극적으로 참여할 필요가 있다. 숙의 절차를 바탕으로 지역의 문제를 해결할 수 있어야 도시 품격도 살아나고 아산이 50만, 100만 도시로 성장할 수 있는 저력이 생긴다. 단체장의 일방적 지시나 혹은 일부 주민의 행정적 요구에 근거해 정책과 사업이 집행되는 게 아닌 이 같은 민주적 절차로 정부 정책이 이뤄져야 타 지역 주민들이 아산으로 이사 오고 또 안심하고 살 수 있는 도시가 된다.

나만 비정상적인 가정인가, 한부모가정지원

/

내 경우 초등학교 1학년 때 아버님이 돌아가셨다. 한 부모 가정의 아픔을 누구보다 잘 안다. 따라서 시의원이 된 이후 한부모가정 지원에 많은 관심을 가졌다. 도의원 시절 〈한부모 가족 가정지원 조례〉도 만들었다. 현재 한부모 가정 관련해 학습비 등 여러 가지 항목에서 지원이 되고 있다.

어린 시절 '애비 없는 자식'이란 말로 상처받은 적이 많다. 일부 사람들은 본인이 불리하다 싶으면 마치 전가의 보도처럼 '애비 없는 자식'이란 말을 꺼냈고 그때마다 마음이 위축될 수밖에 없었다. 그런 탓에 자신감이 결여된 상태로 삶을 살았는지 모른다. 물론 덕분에 보다 겸손한 태도를 갖게 되었는지도 모른다.

이제 한 부모 가정이나 그 안에 있는 아이들에 대한 행정적 복지 지원이 넉넉하지 않지만 많이 이뤄지고 있다. 그러나 여전히 한부모 가정의 빈곤은 우리 사회가 해결해야 할 큰 문제다.

국회입법조사처에 따르면 우리나라 한부모 가족의 아동빈곤율은 2021년 기준 47.7퍼센트로 양부모가족의 아동빈곤율 10.7퍼센트보다 4배 이상 높다. 경제협력개발기구(OECD) 평균인 31.9퍼센트보다도 15.8퍼센트포인트 높다.

한부모 가정은 맞벌이 가정뿐만 아니라 남성 홀벌이 가정에 비해서도 경제적으로 취약한 상태에 놓여있다. 한부모 가정의 월평균소득은 245.3만원으로 양부모가정 416.9만원의 절반을 겨우 넘으며, 비자가율은 70.4퍼센트로 맞벌이가정(32.4퍼센트)과 남성 홀벌이 가정(35.0퍼센트)의 두 배를 넘는다. 한 부모 네 명 중 한 명은 육아와 경제활동의 병행에 어려움으로 미취업 상태에 놓여있다.

한부모 가정에서 보편적으로 나타나는 경제적 빈곤 문제는 심리적 정서적 불안으로 이어진다. 안정된 직장을 갖는데 어려움을 겪는 저소득 여성 한부모 가족의 경우 특히 이 같은 불안감은 증폭된다. 남성 한부모 가정의 경우 세세한 돌봄의 문제 해결에 심리적 부담감을 갖게 되면서 정서적 불안감이 증폭되기도 한다.

따라서 한부모 가족의 심리적 문제 해결을 위한 다양한 프로그램이 필요하다. 한부모들은 대부분 이혼이나 사별 혹은 미혼모가 되는 과정에서 많은 심리적 충격을 얻게 되는데, 한부모 가족이 된 이후 효과적인 부모역할을 할 수 있도록 다양한 심리치료 프로그램이 매우 필요하다. 자신이 겪고 있거나 고민하고 있는 문제들에 대해서 대화할 수 있는 장도 열어주어야 한다. 또한 올바른 부모역할에 대한 공개강좌나 교육을 의무화 하는 일도 필요하다.

아울러 한부모 가족 자녀를 위한 상담프로그램도 필요하다. 한국에서 부모의 이혼이나 사망으로 인해 받은 자녀들의 심리적 문제에 대한 상담 프로그램이나 제도가 부족한 실정이다. 따라서 자녀의 심리적 안정을 위한 상담 프로그램의 개발이 필요하며, 자녀들이 모여서 서로 어려움을 얘기하고 또래 친구들을 만날 수 있는 모임의 자리도 있어야 한다.

아울러 고질적으로 지적되고 있는 양육비 회피 문제도 해결이 시급하다. 전문가들은 일단 양육비 소송 기간을 간소화 할 필요가 있다고 이야기한다. 아울러 일부 유럽 국가들이 실시하고 있는 미지급 양육비를 국가나 지방정부가 대신 지급하고 미지급금을 구상 청구하는 양육비 대지급제도의 도입도 검토해볼 필요가 있다. 예컨대 독일의 경우 한부모 가정은 양육비를 받지 못했을 경우 국가에 우편 또는 온라인으로 관련 정보를 제공하고 대지급제도를 신청하면 심사 이후 양육비를 안정적으로 지급받을 수 있다.

이 같은 제도의 시행으로 한부모가정 일상의 평온함을 해치지 않으면서도 아동빈곤율 감소 효과를 기대할 수 있다. 또한 국가가 직접 미지급자를 추징하게 됨으로써 양육비를 의무적으로 이행해야 한다는 사회적 인식도 생긴다.

한부모 가족의 문제는 개인의 문제가 아닌 사회 전체가 지원하고 함께해야 할 사안이다. 점점 증가하고 있는 한부모 가족은 더 이상 단순한 소수의 문제도 아니다. 한부모 가족을 현실로 받아들이고 문제점에 대한 대책을 세워야 한다.

제3장

/

우리 동네에 꼭 필요한 걸 만들어보자

도시 브랜드를 품은 랜드마크 호텔이 있다면?

/

관광도시가 되는 데 손색없는 자원이 아산시에 있다. 문제는 숙박시설이다. 아산에 관광을 와도 하룻밤 묵어 갈 괜찮은 숙박시설이 없다. 오전에 와 저녁이면 돌아가는 경우가 많다. 숙박을 하더라도 체류 기간이 짧다. 그냥 거쳐 가는 동네가 되고 있다. 그러다 보니 관광으로 인한 수입이 높지 않다.

서울에서 가장 멀리 떨어진 여수 같은 경우만 해도 규모가 어마어마한 리조트나 콘도 혹은 호텔이 여럿 있다. 대체적으로 수천억 원이 투자 된 숙박시설들이다. 반면 수도권에서 한 시간 정도 거리에 위치한 아산의 경우 이 같은 시설이 부재하다.

지역에서는 다소 패배주의적인 관점도 보인다. 수도권과 너무 가까운 탓에 숙박하는 관광객이 적고 따라서 대형 호텔 건립을 위한 투자가 용이하지 않다고 지레 포기하는 경향이 있는 게 사실이다. 그러나 이는 보는 시각에 따라 정반대의 해석이 가능하다.

수도권과 적당히 가까운 거리에 쾌적한 자연환경과 문화유산을 갖고 있기에 보다 손쉽게 며칠 머물 수 있는 관광지가 될 수 있다. 굳이 힘들게 여수까지 갈 필요 없이 공기 좋은 곳에서 충분히 쉬었다 갈 수 있는 환경을 아산에서 느낄 수 있다. 반 정도 물이 찬 컵을 보고 누군가는 물이 반 밖에 남지 않았다고 이야기하고 누군가는 반이나 남아 있다고 이야기한다. 긍정적으로 상황을 본다면 분명 관광도시 아산을 만들 수 있는 길이 있다.

특히 아산에는 과거부터 유명세를 떨치던 온양온천, 도고온천, 아산 온천이 있다. 온천은 사람들이 숙박하며 장기간 머물도록 할 수 있는 중요한 자원이다. 온천이 있는 곳에 좋은 휴양시설과 리조트가 있다면 충분히 매력적인 관광지를 만들 수 있다.

그럼에도 불구하고 이 같은 숙박 시설이 부재한 상황이다. 물론 유명한 호텔이 없었던 것도 아니다. 온양온천 주변에는 명성을 떨치던 3대 호텔이 있었다. 그 가운데 그랜드 호텔은 현재 과거의 영화를 뒤로 한 가운데 도시 개발을 위해 철거된 상태다. 또 다른 하나인 제일 호텔의 경우 연회나 식사를 겸한 행사를 사실상 포기한 상황이다. 관광호텔역시 숙박은 가능하지만 연회 같은 경우는 쉽지 않다.

도고 온천 지역의 경우 파라다이스라고 하는 물놀이 시설은 잘 되어 있어 그나마 체면을 살리고 있는 반면 한국 콘도 등 그 외 숙박시설은 노후화됐다. 아산 온천도 스파비스라는 물놀이 시설은 있지만 주변에는 소규모 숙박시설 밖에 없다.

문제 해결에 가장 필요한 건 아산의 좋은 환경에 대한 세일즈다. 만일 내가 시장이 된다면 대형 호텔 투자 유치를 위한 적극적 세일즈를 해보고 싶다. 특히 아산에는 삼성전자 현대 자동차를 찾는 바이어만 해도 연간 수천 명에 달한다. 현재 이들의 경우 아산에 제대로 된 숙박시설이 없기에 천안에 있는 신라스테이에 대체로 머문다. 만일 온천욕이 가능한 멋진 호텔이 아산에 있다면 그분들이 굳이 천안까지 갈 이유가 없다.

이 같은 외국인 수요까지 합쳐 호텔 유치에 나선 다면 분명 아산의 랜드마크가 될 수 있는 호텔 건립이 가능하다. 아산시의 지리적 강점을 이용해 적극적 세일즈에 나선다면 관광업도 발전하고, 사람들이 머물고 싶은 숙박시설의 유치도 충분히 가능하다.

이를 위해서는 인센티브가 될 조건 제시도 필요하다. 아산에는 대규모 시유지가 존재하는 데 이를 잘 활용할 수도 있다. 그곳에 직접화된 관광단지를 충분히 만들 수 있다고 본다.

이와 더불어 온양 시내의 경우 외부로 유출되는 숙박 수요를 감당할 만한 중규모의 제대로 된 숙박 시설이 필요하다. 이게 가능해지려면 온양 도심에 젊은이들 그리고 여행객들이 의미 있게 찾아다닐만한 재미난 놀거리 볼거리가 필요하다.

그걸 위해서 특히 세종대왕이 묵었던 온천인 온궁을 중심으로 수민 생활과 어우러지는 재미난 관광거리를 원도심 중심으로 만드는 한편, 관광객이 이동하지 않고 그곳에 숙박할 수 있도록 해야 한다. 관광 수요가 확보된다면 이 같은 중규모 숙박시설은 자연스럽게 따라올 수 있을 것으로 생각된다.

지역 경제 활성화를 이끄는 대형 쇼핑몰

/

　다른 지역에서 아산으로 이주해 오는 분들이 이구동성으로 이야기하는 불만이 인구 40만 명 가까이 되는 도시에 현대 아웃렛이나 스타필드와 같은 대형 쇼핑몰이 없다는 사실이다. 이 같은 쇼핑몰을 유치해 주민의 만족도도 높이고 지역경제도 활성화할 필요가 있다. 개인적인 생각으로는 이케아도 아산에 들어서면 입지적으로 적당하지 않을까 싶다.
　그런데 이 같은 쇼핑몰이 들어오기 위해서는 먼저 좋은 조건을 만들 필요가 있다. 예컨대 천안 아산역 복합환승센터를 개발해 제공하는 것이다. 환승센터의 경우 철도 공사와 철도시설관리공단, 그리고 시소유의 시설과 토지이기 때문에 공공 개발을 한 뒤 유리한 조건을 제시한다면 모든 사람이 좋아할 만한 쇼핑몰이 분명 들어설 수 있다.
　이케아의 경우 현재 대전권을 커버하기 위해 추진되던 계룡 이케아가 취소 된 상태다. 이케아는 광명과 부산에 오프라인 쇼핑몰이 있다. 중부권을 커버할 수 있는 기지로서 계룡을 택한 듯한데,

아산이 보다 더 적합한 곳이 될 수 있다. 아산의 경우 여러 개의 고속도로가 이미 지나가고 있고, 아울러 철도도 두 개 노선이 있다. 물류 유통에 최적지다.

대형 쇼핑몰이 들어 설 경우 지역 소상공인에게 타격을 줄 수 있다는 우려의 목소리도 있다. 그러나 이 같은 쇼핑몰이 없기에 다른 지역으로 원정 쇼핑을 가는 경우가 많다는 점을 고려할 필요가 있다. 실제 아산의 경우 KTX만 타면 한 시간 내에 서울 대형 쇼핑센터 접근이 가능하다. 아산 지역에 대형 쇼핑몰이 들어선다면 이 같은 유출을 막을 수 있을 뿐만 아니라 천안이나 평택을 넘어 충남권 전체에서 아산으로 쇼핑을 하기 위해 올 수 있다.

대형 쇼핑몰이 들어설 경우 예산이나 홍성 당진 등에서도 아산으로 쇼핑 원정 올 가능성도 높다.

자연 속에 들어선 아토피 치유센터

/

나 자신이 건선 피부염이라는 피부 질환이 있기 때문에 아토피 천식 등 환경성 질환에 대한 관심이 높다. 아토피나 천식으로 고생하는 자녀를 둔 부모님을 볼 때마다 안타까운 마음이 든다. 특히 아기들은 자제력이 없기 때문에 아토피로 가려우면 무작정 긁어 약한 피부에 상처가 생기기 쉽다. 그걸 안타깝게 보는 엄마는 마음의 상처를 크게 입을 수밖에 없다.

아토피 발생 원인은 여러가지겠지만 오염된 공기 등에서 배출되는 화학물질이 중요 원인중 하나로 꼽힌다. 따라서 아토피 증상을 완화하기 위해서는 공기 맑은 자연 속에 머물며 생활하는 게 도움 된다. 따라서 아토피 치유센터가 국립공원 등 산림이 우거진 지역에 만들어지는 경우가 많다.

아산시 송악면의 경우 전체 면적 가운데 95퍼센트가 산림이다. 울창한 산림지역이기 때문에 그동안 개발이 더뎠다. 산림 치유단지와 산림복지지구 사업이 진행되다가 취소되는 우여곡절을 겪기도 했다. 여기에 아토피 치유와 같은 환경질환 치유 센터를 함께 만들면 경쟁력을 갖출 수 있지 않을까 싶다.

치유센터가 만들어 질 경우 우수한 자연환경 속에서 숲속 다도 및 요가 등을 체험하고 환경성질환에 대한 전문가 상담을 통해 예방·관리법 등도 배울 수 있다. 나아가 지역의료 기관과 연계해 진료·상담, 환경성질환 예방 강의 등도 가능하다.

송악면의 경우 아산시뿐만 아니라 천안이나 세종특별시에서도 어렵지 않게 접근할 수 있다. 넓은 주거지 인근에 위치한 높은 산이란 장점을 충분히 활용한다면 환경성 질환 치유센터를 바탕으로 지역 경제도 활성화하고 아울러 아토피 등으로 고통 받는 주민들에게 치료가 되는 휴식을 제공할 수 있다.

교통비 전면 무료화로 활기찬 아산 만들기

/

　만일 내가 아산의 자치단체장이 된다면 꼭 해보고 싶은 게 있다. 바로 교통비 전면 무료화다. 지역경제도 살리고 주민 건강도 챙길 수 있는 정책이라고 생각한다. 아울러 보다 많은 인구 유입을 유도할 수 있는 길이기도 하다.

　아산의 경우 전철도 다니고 버스 노선도 적은 숫자가 아니지만 의외로 교통이 불편하다는 이야기를 많이 듣는다. 지역이 넓고 밀집도가 낮은 탓이 아닐까 싶다. 특히 수도권이나 천안에서 이주해 온 주민들의 경우 원래 살던 지역과 차이를 느끼는 경우가 많다.

　따라서 자가용을 더 많이 이용하게 된다. 자가용 운행이 증가하지만 사정상 늘어나는 숫자만큼 도로를 넓히는 데 한계가 있다. 따라서 교통체증이 심해진다. 교통체증이 심해질수록 대중교통도 불편하고 길도 많이 막히는 살기 힘든 도시 아산이란 오명이 생기는 악순환이 만들어 진다. 뿐만 아니라 교통체증에 따른 사회적 손실도 증가할 수밖에 없다.

　따라서 자동차 이용을 줄여야 하는데, 격일제 운행 등을 실시해 무작정 교통량을 줄일 수는 없다. 이 같은 상황을 타파할 수 있는 묘안이 교통비 무료화라고 생각한다. 대중 교통비가 무료화 되면 더 많은 사람들이 자가용보다 버스를 이용하게 된다. 대중교통 무료화는 교통지옥을 선제적으로 막아낼 수 있는 방법이 될 수 있다.

교통비 전액 무료화에 따른 필요 예산을 따져본 적이 있다. 현재 버스회사에 지원하고 있는 금액이 180억 원 정도가 된다. 추가로 320억 원 정도를 지원해 500억 원 정도만 투자한다면 아산 시민 전부 무료로 대중교통을 이용할 수 있다.

금전적으로 그 만큼의 투자 가치가 있다고 생각한다. 시민들은 비싼 기름 값을 아낄 수 있고 기업은 교통 체증에 따른 물류비용 증가를 막을 수 있기 때문이다. 아울러 개인차량 사용감소로 도시 매연발생도 줄어들면 쾌적한 도시가 된다. 아울러 교통사고도 줄어 보다 안전한 도시가 될 수 있다.

이외에도 대중교통 무료화는 다양한 사회적 이득이 있다. 예컨대 이미 대중교통 무료화를 선언한 경북 예천의 경우 대중교통 무료 정책을 통해 어르신들이 건강해지는 소득을 얻었다고 한다.

대중교통을 무료화하면 필요할 때 부담 없이 산에도 갈 수 있고 여기 저기 다닐 수 있기 때문이다. 답답한 아파트 숲에서 벗어나 온양온천이나 송악산으로 짧은 여행도 편하게 갈 수 있다. 이를 통해 정서적 안정을 얻을 수 있다. 여행은 인간의 육체와 마음을 건강하게 만든다. 대중교통 무료화가 주민의 건강증진 정책이 되는 이유가 여기에 있다.

사실 근본적으로 무료 대중교통은 자유로운 이동을 보장해주는 기본권을 제공하는 것이다. 내가 가고 싶은 곳을 마음대로 갈 수 있게 해 줄 필요가 있다. 이게 곧 자유민주주의가 아닐까.

전면 무료화가 어렵다면 일정액의 범위 안에서 최대 요금을 제한하는 것도 방법이다. 예컨대 호주 시드니의 경우 대중 교통비가 하루 호주 7달러, 일주일이면 35달러 정도를 넘어가지 않는다. 예컨대 오전에 7달러 이상의 버스를 탔다면 그 이후 승차는 사실상 무료다. 아울러 금요일까지 35달러를 사용했다면 주말 이틀은 무료로 대중교통을 이용할 수 있다고 한다.

따라서 주말 대형 마트를 갈 때 자가용 대신 버스를 이용하는 이들도 많다. 양손에 큰 비닐봉투를 들고 버스에 올라타는 사람을 어렵지 않게 볼 수 있다. 사실상 무료로 버스를 이용할 수 있기 때문이다. 아울러 자동차가 아닌 대중교통을 이용해 주말이면 가족과 나들이를 가는 경우가 더 많다. 교통비 절약이 가능한 탓이다. 단골은 더 할인해 주는 게 인지상정인데, 한국의 대중교통은 이렇듯 단골 할인이 없다. 사실상 우리의 경우 타면 탈수록 더 많은 요금을 내야 하는 실정이다.

청소년이 숨 쉴 수 있는 공간이 필요하다

/

　청소년 관련 정책이 지방 자치 행정에서 후순위로 밀리는 경우가 많다. 이유는 간단하다. 그들에겐 투표권이 없기 때문이다. 그런 점에서 개인적으로는 투표 연령을 확 낮출 필요도 있다는 생각이 든다. 예컨대 15세 이상에게 전부 선거권을 주는 것이다. 그러고 나면 아마도 선출직 공무원들이 청소년 문제에 보다 관심을 갖지 않을까.

　청소년은 사리 분별 능력이 부족해 투표권을 주기 어렵다고 이야기한다. 그러나 투표는 완벽한 사리분별 능력을 가진 사람에게만 주어지는 게 아니다. 그런 기준을 적용한다면 범죄 경력자 등도 투표권을 제한해야 한다는 주장도 설득력이 있을 수 있다.

　여하튼 대한민국 미래를 이끌어갈 청소년들이 갈 곳이 없어서 버스 정류장에 삼삼오오 모여서 이야기하거나 가격이 저렴한 무인 커피숍에 몰려 있는 걸 보면 때론 자괴감을 느낀다.

　아이들이 쉬거나 대화 나눌 공간조차도 제공하지 못하고 있다는 사실이 나 자신을 부끄럽게 만든다. 청소년 문화의집이나 교육

문화센터는 그대로 역할을 하는 가운데 지역별로 청소년들이 편하게 커피나 음료를 한 잔 하면서 대화할 수 있는 공간을 공공에서 제공해야 한다고 생각한다. 그래야 학교폭력도 없어지고 학교 밖 청소년들의 문제도 줄어든다고 생각한다. 사회적 비용을 현격히 줄이는 방법이라고 믿는다.

조금만 눈을 돌리면 장소도 쉽게 찾을 수 있다. 예컨대 4층이나 5층으로 되어 있는 공용 주차장 맨 위층을 활용할 수 있다. 사실상 그곳에 주차하는 차들이 많지 않다. 주차장 옥상에 청소년 쉼터를 조성하면 저렴한 비용으로 좋은 공간을 마련할 수 있다. 도시 안에 있기 때문에 접근도 용이하다. 시설공단에서 주차 센터를 운영하고 있기에 공적 관리도 가능하다. 주차장 관리하는 분만 계시면 모든 게 충분하다. 아이들은 편히 이용할 수 있다.

아산시의 초등학교 4학년부터 고등학교 3학년까지 학생 수가 약 3만 5천 명 정도 된다. 최소한 3천 명 당 1개의 청소년 쉼터는 있어야 한다고 생각한다. 그렇다면 12개의 청소년 쉼터가 필요한 셈이다. 지역별로 마땅한 장소를 물색해 쉼터를 만들어간다면 오랜 시간이 걸릴 문제는 아니라는 생각이 든다.

인구 소멸을 막는 공공산후조리원 건립

/

　수도권이나 지방 소도시에서 많이 하고 있지만 아산시가 손 놓고 있는 사업 중 하나가 공공산후조리원 건립이다.

　지자체가 공공산후조리원을 만드는 이유는 보다 출산 친화적인 도시를 만들기 위해서다. 우리나라는 현재 세계 1호 인구소멸국가가 될 것이란 경고가 잇따르고 있는 상황이다. 이런 가운데 질 좋고 수준 높은 서비스를 제공하는 공공산후조리원의 필요성이 높아지고 있다. 저출산 문제를 해결하기 위해서는 아기 낳기 좋은 환경을 조성해야 한다.

　사실 지방 소도시의 경우 지역 내 산후 조리원이 전혀 없기 때문에 공공산후조리원을 만드는 경우가 많다. 실제 2020년 7월부터 공공산후조리원을 운영 중인 강원도 양구군은 과거 군내에 산후조리 시설이 전무했다. 따라서 양구지역 임산부들은 춘천 등 다른 지역을 오가야 해, 금전적 부담도 컸을 뿐만 아니라 상당한 불편도 감수해야 했다.

　이를 해결하기 위해 공공산후조리원을 건립했고 이후 지역주민으로부터 큰 호응을 얻고 있다. 2023년까지 4년간 500명 가까이 이용했으며, 이용자가운데 양구군민이 압도적으로 많지만 인기가 높아지면서 주변 도시에서 찾는 경우도 늘고 있다고 한다. 2주 기준 이용 요금은 180만원이지만 양구에 1년 이상 거주한 주민은 요금 100퍼센트를 감면받을 수 있다. 이렇듯 공공산후조리원이 지역민에게 큰 호응을 얻으면서 충북 제천 등에서도 건립을 추진하고 있다.

물론 아산시의 경우 지방 소도시와는 상황이 다르다. 이미 아산에는 모종동에 청아미즈산후조리원, 배방읍에 삼성미즈산후조리원 등 여러 시설이 있다. 그런데 산후 조리원 이용에 따른 금전적 부담이 크다. 현재 산후 조리원 이용비용이 600만원에서 800만원정도가 들어간다. 저소득층에겐 부담이 큰돈이 아닐 수 없다. 빚을 내서 산후조리 비용을 지출하는 경우도 발생하고 있다. 가슴 아픈 현실이자 출산율을 장려하는 국가의 기본방향과 부합하지 않는다. 따라서 금전적 여유가 부족한 분들에게 산후조리 비용을 지원해야 할 필요가 있다.

다행히 아산시의 일부 산부인과는 공공산후조리원 사업에 우호적이다. 이곳과 협의해서 일정 정도 공간을 사회적 지원이 필요한 분들이 이용할 수 있는 산후 조리원으로 활용할 수 있다. 굳이 큰돈 들여 새롭게 지을 필요성도 없다. 산후조리 서비스 제공은 아이 낳기 좋은 지역을 만드는 출발점이 될 수 있다.

함께 만들어 가는 사회적 일자리 사업

/

사회적 일자리 사업은 정부 등이 재정적으로 지원하는 가운데 민간의 인적 자원을 활용해 사회적 서비스를 제공하는 사업이다. 이를 담당하는 기업을 사회적 기업이라고 부르고 있다. 사회적 기업은 공공성을 갖고 있으면서도 동시에 재화 및 서비스의 생산·판매 등 사기업적 성격을 동시에 갖고 있다.

이 같은 일들은 필요성이 인정되지만, 수익성이 낮아 민간에서 공급하기 힘든 서비스다. 예컨대 장애인에 대한 일자리 제공 사업과 같은 것이다. 장애인이 스스로 돈을 벌어 당당하게 사회적 구성원으로서 역할을 할 수 있게 해주는 사업을 사회적 기업이 할 수 있다. 사회 복지 대상자에게 일자리를 제공하여 사회적·경제적 생활에 도움을 줌으로써 실질적인 복지 향상을 꾀하는 제도인 동시에 단순히 금전적 지원을 넘어 사회적 약자가 건강한 경제 활동의 일원으로 참여할 수 있는 형태의 사업이다.

현재 공공기관은 이 같은 일을 담당하는 사회적 기업에게서 복사지를 구입한다거나 하는 등의 간단한 일만 하고 있다. 그러나 이를 보다 확대할 필요가 있다. 한 가지 축으로는 공공의 조달과 입찰 과정에 사회적 일자리를 만들어내고 있는 사회적 협동조합이나 비영리 법인, 즉 사회적 기업에게 더 많은 인센티브가 제공되어야 한다.

나아가 비영리법인이나 사회적 협동조합처럼 사회적 기여를 하는 회사나 집단에게 시의 공공적인 일을 보다 많이 맡길 수 있어야 한다. 그래야 사회적 기여를 하고 있는 법인이 경쟁력을 갖추고 본업을 할 수 있다

아울러 삼성이나 현대와 같은 대기업이 이 같은 사회적 일자리 사업에 보다 적극적으로 참여할 수 있는 기반을 자치단체가 만들어 줄 필요가 있다. 사실 아산의 대기업들 역시 사회적 기여차원에서 복지 시설에 수천 만 원씩 기부하기도 한다. 참 고마운 일이다. 그러나 한 발 더 나아가 주었으면 하는 소망이 있다.

이제 이 같은 기부를 넘어 장기적 운영이 가능한 발달장애인 공동 특화 사업장 같은 걸 운영하는 데 기여하거나, 앞서 이야기한 재활용 매니저 같은 사회적 일자리를 확대하는 데 대기업이 펀딩을 하는 등의 사회적 일자리 사업에 보다 적극적으로 나서주길 소망한다.

과거 삼성은 무궁화 전자라는 이름으로 장애인 일터를 만들었던 적이 있다. 이 같은 회사가 계속 만들어질 필요가 있다. 충북 청주시에는 SK 하이닉스가 만든 특화 사업장이 잘 운영이 되고

있다는 얘기를 들은 적이 있다.

아산시의 장애인 숫자도 1만 6천 명 정도가 된다. 그분들이 사회적 기여를 하면서 돈도 벌 수 있는 이 같은 특화 사업장 설립에 대기업이 보다 적극적으로 나서주길 기대한다.

물론 대기업의 선의에만 기댈 수는 없다. 사실 이윤 추구를 하는 기업이 굳이 해야 할 일도 아니다. 여러 복지 시설에 금전적 지원을 하는 게 기업 입장에서는 간단하면서도 본인이 감당해야 할 사회적 몫을 다하는 것으로 볼 수도 있다. 보다 귀찮은 일에 기업이 나서도록 하기 위해서는 지방정부가 부탁도 하고, 또 필요한 지원을 아낌없이 해줄 필요가 있다.

반려동물, 인간의 가족으로 대하는 시대

/

　대한민국 3가구당 1가구가 반려동물을 키우고 있다. 아이를 낳는 대신 반려동물을 키우는 젊은 부부도 많아지고 있다. 동네를 산책하다 보면 반려동물과 같이 운동하는 분들을 엄청 많이 만나게 된다. 2026년 국내 반려동물산업 규모가 6조원에 달할 것이라는 전망도 나오고 있다.

　이제 반려동물 키우는 일이 개인의 취미나 선호 영역을 넘어 정부가 관리하고 지원해야 할 분야가 되었다고 본다. 인간 공동체에 깊숙이 들어온 반려동물이 이제 인간 삶의 중요한 부분이 되었기 때문이다.

　그래서 여러 지방 자치 단체가 예산을 투자해 반려동물 테마파크를 만들기도 한다. 그곳에서 유기동물 무료 분양, 동물 생명 존중 교육 등 올바른 반려동물 문화 정착을 위한 다양한 프로그램이 운영되기도 한다. 반려동물의 사회화 및 문화 교실 운영, 반려견 스포츠 등 반려동물산업을 육성하는 공간으로 활용하는 경우도 있다. 과거엔 아이들 손을 붙잡고 놀이공원을 갔다면 이제 반려동물을 데리고 이 같은 테마파크에 가는 분들이 증가하고 있다.

이 같은 대형 테마파크도 필요하겠지만 동네에 반려동물과 함께 뛰어 놀 수 있는 공간 마련도 중요하다는 게 내 생각이다. 예컨대 아파트나 원룸 단지엔 이용이 잘 안 되는 어린이 공원들이 있다. 아이들이 많지도 않을 뿐만 아니라 대부분 학원에서 공부하거나 어린이집 등에서 지내는 경우가 많기 때문이다. 이런 공원을 반려동물들과 함께할 수 있는 공간으로 전환할 필요가 있다. 그곳에서 견주와 반려견이 자유롭게 뛰고 달리고 할 수 있다면 보다 나은 반려견과 함께 하는 도시가 될 수 있다.

아울러 산업단지 내에 있는 방치된 공원도 이렇듯 반려견과 함께 이용할 수 있는 시설로 전환할 필요가 있다. 사람들이 잘 찾지 않는 평일 낮 시간 이 같은 산업단지내 공원에서 리트리버와 같은 대형견이 뛰어 놀 수 있도록 하는 것도 생각해 볼 수 있다.

반려동물 테마파크도 이제 필요할 때가 되지 않았나 싶다. 특히 유기견을 치료하고 관리하는 센터가 필요하다. 아울러 과도한 비용을 지불하고 민간 시설을 이용할 수밖에 없는 장례식장도 공적으로 진행할 필요가 있다. 이 같은 역할을 담당할 수 있는 테마파크를 만들 필요가 있다.

제4장

/

아산을 위한 중요한 원칙

여러분께 선택권을 드립니다
– 많이 듣고 토론하는 시정

이제 선택권을 주민에게 돌려드릴 때가 왔다. 그건 단지 권리를 넘기는 문제가 아닌 그에 따른 책임도 같이 맡기는 것이다. 시민은 이제 지방 정부의 정책 대상자가 아니다. 지방정부를 함께 만들어가는 책임 있는 주체다.

1년에 한두 번 씩 읍면동 순회를 한다. 거기 가면 보통 매번 나왔던 얘기만 되풀이 될 뿐만 아니라 대부분 "우리 동네 농로가 10년째 포장이 안 되고 있어요.", "공원 좀 만들어 주세요." 등의 민원성 이야기가 전부다. 정부가 뭔가 해주기를 소망하고 또 해줘야 한다고 믿는다. 틀린 말은 아니다. 그러나 이제 그 이상의 민주주의가 필요하다.

주민과의 간담회가 지역 민원을 청취하는 자리를 넘어 중요한 의제에 대해 함께 토론하고 합의하는 자리가 되어야 한다. 공원을 만들거나 산업단지를 유치하는 등의 미래에 관한 중요한 문제에 대해 지방정부와 시민이 대등한 권한과 책임을 진 가운데 대화할 수 있어야 한다.

예컨대 농로 포장을 놓고 시가 일방적으로 결정하는 대신 시민들과 머리를 맞대 결정을 하는 것이다. 그런데 현실에서는 이 같은 일을 시민들과 논의하고자 나서면 대화와 타협이 안 되는 경우가 많다. 전체적인 관점에서 보는 게 아닌 자기 지역의 개인적 이해관계에 국한해서 문제를 보기 때문이다.

이제 보다 성숙한 민주시민으로서 눈앞의 작은 이익이 아닌, 긴 안목을 갖고 더 큰 이익을 위해 서로 지혜를 모으는 자세가 필요하다. 각자의 작은 이해를 넘어 아산 전체의 이익을 위해 무엇이 최선인지 함께 고민하는 것이다. 나는 다 가져야 하고 상대는 '손해를 보든 이익을 보든 상관없다'는 자기중심적 사고에서 벗어나야 한다. 그럴 때 책임 있는 민주주의 주체로서 시민은 중요한 문제에 대한 대화와 타협을 이끌어 낼 수 있다.

민주화 된 사회라고 모든 개인이 각자의 욕망을 무책임하게 표출할 수는 없다. 남이 어떻게 됐든 상관없이 나만 잘되면 '장땡'이란 생각도 민주적 시민의식은 아니다. 나의 이익을 추구하되 상대의 입장도 고려하는 것, 개인적 이익을 위해 공동체의 이익을 희생하지 않는 것, 이것이 바로 민주적 시민의식이다. 당장의 작은 불이익을 참고, 좋은 도시, 아름다운 아산이 되도록 힘을 모은다면, 결국 결실은 모두에게 돌아오게 되어 있다.

아울러 지방정부는 시민의 자율을 믿어야 한다. 예컨대 청소,

화단정리, 환경미화 등 지역 공동체가 해결 할 수 있는 일은 주민 자율에 맡겨야 한다. 그리고 비정부기구로서 주민 자치 기구를 강화해야 한다. 지역의 살림 문제는 지역 주민이 결정해야 한다.

예컨대 지금은 밭에서 사용한 폐비닐을 치우는 데 무게 당 얼마를 줘야 청소가 된다. 심지어 폐비닐이 지저분하게 널려 있어도 모아 올 경우 돈을 지급한다고 해야 청소가 된다. 이젠 집 앞 눈도 치우지 않는다. 국가가 당연히 해줘야 한다고 생각한다. 지금의 체계가 오래가기는 어렵다. 개똥을 치우고 폐비닐을 거둬내고, 집 앞 눈을 치우는 건 각자 시민의 몫이다. 주민 단위에서 스스로 해결해야 하는 문제다. 정부가 다 해줄 수 없는 것이고 시민들이 자발적으로 할 때 더 깨끗하고 효과적으로 할 수 있다.

합의로 비전을 만들자 - 합의된 장기플랜 수립

/

　　50만 100만 도시로 발돋움하기 위해서는 아산의 미래에 대한 밑그림이 필요하다. 아울러 청사진은 특정 개인의 작품이 아닌 전체 구성원이 합의해 도출한 작품이어야 한다. 그래야 정권이 바뀌었다고 설계도가 하루아침에 바뀌거나 폐기되는 일이 사라진다. 나는 내가 생각하는 아산의 미래가 모두 옳다고 생각하지 않는다. 설사 내가 아산시장이 되더라도 내가 생각한 아산의 미래만을 현실화하기 위해 애쓰지 않을 생각이다.

　　과거엔 중앙정부 공무원 몇 명이 도시계획을 세운 뒤, 어느 날 갑자기 발표를 해버리는 방식으로 도시개발이 진행됐다. 그들의 밑그림은 언제나 비슷했고, 대한민국 도시 구조는 어느 곳에서나 크게 다르지 않았다.

　　또한 명령에 따라 일사 분란하게 움직이는 문화가 지배해왔다. 사실 모든 사람의 가치와 견해가 같기는 무척 힘들다. 나아가 다양한 가치를 하나로 묶기는 불가능하다. 그동안 우리가 택했던 방식은 각자의 생각을 일단 뒤로 하고, 지휘관이 설정한 전체 목표를 위해 일사 분란하게 움직이는 시스템이었다.

그러나 더 이상 이 같은 개발 방식으로는 좋은 도시를 만들 수 없다. 업무의 효율은 있겠으나 사람 마음을 움직일 수 없다. 새로운 계획은 주민과의 철저한 협의를 통해 만들어져야 한다.

조금 천천히 가도 좋다. 혼자 열 걸음을 가기보다 함께 한걸음을 가는 게 중요하다. 혼자 열 발자국 앞서 가봤자 나머지 사람이 움직이지 않으면 일은 이뤄지지 않는다. 그러나 열사람이 어깨를 걸고 한 발을 내딛는 순간 거대한 변화가 발생한다.

이를 바탕으로 장기 비전을 만들어야 한다. 50년 정도의 미래를 놓고 아산시 전체 그림을 그려볼 필요가 있다. 그 안에서 10년, 20년, 30년 뒤 연차적으로 무엇을 해야 할 지 계획을 세워야 한다. 그리고 파트별로 차곡차곡 순차적으로 개발해야 한다. 개발이 되는 과정에서 도시는 조금씩 성장하고, 우리에게 닥친 여러 문제는 답을 찾을 수 있을 것이다. 그래야 난개발을 막을 수 있고 도시 기능은 정상적으로 이뤄진다.

그 그림은 단지 환상적이고 화려한 꿈의 도시여서는 안 된다. 현실의 문제에 기반 해 아이들과 손자들이 행복하게 살아갈 수 있는 도시여야 한다.

그동안 우리는 선진국과의 비교를 통해, 그들의 설계도를 베껴가면서 정말 열심히 밤잠 안자고 따라 붙어 여기까지 왔다. 그런데 벽을 느끼고 있다. 상대와의 비교를 통해, 일등을 쫓아가면서 성장하는 방식은 넘을 수 없는 한계가 있음을 절실히 느끼고 있다.

아산의 발전도 마찬가지다. 서울이나 인천, 혹은 천안과 비교해서는, 그들이 걸었던 길을 뒤 따라 가서는 결코 그곳과 동등해지거나, 더 좋은 도시가 될 수 없다. 아울러 행복하지도 않다. 끊임없는 비교는 상대에 대한 열등감을 자극하기에 불행할 수밖에 없는 탓이다.

필요한 건 아산답게다. 수도권 거대 도시들이 성장했던 방식이 아닌, 새로운 방식으로 도시를 계획해야 한다. 그래야 인구 50만, 100만의 도시도 만들 수 있고, 살기 좋은 고장이 될 수 있다. 그럴 때 아산은 시민의 마음을 모아 50년 뒤를 염두에 둔 설계도를 만들 수 있다.

기본을 잘 해야 사람이 온다
– 안전하고 깨끗하고 밝은 아산

인구 37만 명이 된 아산이 더 성장하기 위해 가장 필요한 건 역시 일자리겠지만 동시에 도시가 보다 안전하고 깨끗하고 밝아야 한다. 그 동안 너무 빠르게 성장하다보니, 난개발도 있고 속도가 뒤처지는 곳은 방치되기도 했다. 따라서 누구도 신경 쓰지 않은 가운데 흉물처럼 남아있는 공장이나 토지가 곳곳에 있는 상황이다. 도시 전체적인 느낌이 지저분해지는 원인이 되고 있다.

그러면서 소위 깨진유리창의 법칙이 적용되기 시작할 수 있다. 1969년 스탠포드 대학 심리학 교수였던 필립 짐바르도는 유리창이 깨지고 번호판도 없는 자동차를 시 외곽 거리에 방치하고 사람들의 행동을 관찰했다. 사람들은 배터리나 타이어 같은 부품을 훔쳐가고 더 이상 훔쳐갈 부속이 없자 자동차를 마구 파괴해 버렸다. 이후 주변 범죄도 증가했다. 깨진 유리창의 자동차 한 대를 방치한 결과 주변 지역에서 범죄율이 높아지는 지경까지 됐다.

이 같은 깨진 유리창의 법칙이 유명해진 이유는 범죄 소굴이었던 뉴욕이 이 원칙을 바탕으로 정책을 실시 한 뒤 큰 변화가 발생했기 때문이다. 1994년 뉴욕시장으로 선출된 루돌프 줄리아니는 깨진 유리창 이론을 적용하여 당시 범죄의 온상이었던 지하철 내 낙서를 모두 지우도록 했다. 이에 시민들은 강력 범죄 소탕에 힘쓰지 않고 낙서나 지우는 뉴욕시장을 매우 비난하기도 했다.

지워도, 지워도 낙서는 다시 생겨났다. 때문에 모든 낙서를 지우는 데 수년이나 걸렸다. 그런데 이 과정에서 범죄율까지 줄어들기 시작했다. 낙서를 지운 지 90일 만에 범죄율이 줄어들기 시작해, 2년 후에는 50퍼센트 감소하고 3년 뒤에는 무려 80퍼센트가 줄었다. 뉴욕 시는 길거리 낙서도 지우고 신호위반, 쓰레기 투기와 같은 경범죄도 적극 단속했는데, 그 결과 강력범죄까지 줄었다.

제초가 안 된 풀숲을 방치하면 안 되는 이유가 여기에 있다. 풀숲이 지저분하게 널려있는 도시를 보면서 사람들은 아무런 죄의식 없이 쓰레기를 버리게 되고 도시는 더 지저분해진다. 지저분해 진 도시는 당연히 보다 많은 범죄의 온상이 될 수 있다. 지방정부에 대한 신뢰와 도시에 대한 애정역시 약해진다. 깨끗한 도시를 만들어야 하는 이유는 단지 미관 때문만이 아니다. 깨끗한 도시는 쾌적함뿐만 아니라 안전함도 가져온다.

안전한 도시를 만들기 위해 아울러 좀 더 밝은 거리를 만들 필요가 있다. 어두운 사각지대를 없애는 일에 지방정부가 적극 나서야 한다. 그럼에도 불구하고 사실 아산은 다른 지역과 비교해 조명 계획조차 없는 상태다. 조명 계획을 제대로 세워 좀 더 밝은 도시가 되어야 깔끔하고 깨끗한 도시 풍경을 만들 수 있다.

안전하고 깨끗하고 밝은 도시를 만들어 가는 일은 지방자치단체가 해야 할 기본 중에 기본적인 일이다. 지방 정부는 교육, 복지, 주거 등 주민 삶과 밀접한 문제를 다룬다. 그런 점에서 교육과 복지만큼 중요한 게 주거다. 청소 잘하고, 시민 안전을 위한 CCTV 설치, 교통안전 확보 등 기초단체가 기본적으로 해야 할 일에 보다 충실할 필요가 있다.

이 같은 기본적인 일들은 사실 티가 나는 일이 아니다. 근사한 건물이나 시설은 자랑스럽게 이야기할 수 있는 업적이 되지만 청소 열심히 했다는 건 시큰둥한 반응을 불러일으키기 십상이다. 따라서 기초단체장이 크게 신경을 쓰지 못하는 경우가 많다. 그럼에도 불구하고 이게 가장 중요한 일이다. 가정에서 청소와 부엌일이라는 게 사실 티가 나지 않지만 정말 중요한 일인 점과 마찬가지다.

아울러 시민이 요구하기 전에 미리미리 해 놓는 자세도 필요하다. 청소 안전 등 기본적인 것들은 필요하다고 요구하기 전 해 놓을 필요가 있다. 시민들이 전혀 못 느끼는 가운데 이뤄지는 변화도 필요하다.

따라서 풀숲이 우거지기 전 미리미리 제초 작업을 하고 쓰레기가 산더미처럼 쌓이기 전 치울 필요가 있다. 도로 공사의 경우 정체가 심한 낮 시간이 아닌 차가 안다니는 새벽시간에 감쪽같이 모든 사람이 자고 있는 동안 할 필요도 있다. 아침에 차를 끌고 나온 시민들은 공사로 인한 어려움을 겪지 않으면서도 산뜻해진 도로를 이용할 수 있다.

시민들이 요구한 뒤 일을 하는 게 어쩌면 티 나게 일하는 방식일 수 있다. 불편함이 해소된 시민은 자치단체에 고마움을 표시하고, 단체장은 본인이 문제를 해결했다는 티를 낼 수 있다. 그러나 이 같은 방식은 시민 불편을 야기한다. 겉은 번지르르 해보이지만 속이 빈 강정 같은 자치단체가 될 수 있다. 반면 보이지 않는 곳에서 미리 미리 필요한 일을 해두는 지방정부는 아무 일 안하는 듯 보일 수도 있지만 공조직이 해야 할 가장 기본 중에 기본적인 일을 충실히 수행하는 알차고 믿음직한 시민의 동반자라고 할 수 있다.

서번트 리더십이 필요하다
- 군림하는 단체장은 이제 그만

헤르만 헤세가 쓴 "동방 순례"에는 레오라는 하인이 나온다. 레오는 순례자들을 위해 허드렛일을 하고 식사를 준비하고, 때때로 악기 연주로 그들의 지친 마음을 달래주는 사람이었다. 그러면서 늘 무엇이 필요한지 살피면서 순례자들이 정신적 육체적으로 지치지 않도록 했다. 그러던 어느 날 레오가 갑자기 사라져 버리자 순례자들이 당황하기 시작했고, 싸움이 잦아졌다. 그때서야 순례자들은 비로소 레오의 소중함을 깨닫고, 그가 진정한 리더였음을 알게 됐다고 한다.

경영학자 그린리프가 1970년 레오와 같은 리더십을 '서번트 리더십'으로 불렀다. 서번트 리더십은 레오처럼 다른 사람들이 공동의 목표를 이뤄냄에 있어 정신적, 육체적으로 지치지 않도록 환경을 조성해 주고 도와주는 리더십이다. 많은 경영학자에 따르면 지속적으로 좋은 실적을 내는 위대한 기업의 최고경영자 대부분이 이러한 서번트 리더십의 소유자라고 한다.

시민들이 불편함을 느끼지 못하는 가운데, 모든 일이 이뤄지고, 고민도 할 필요 없이 본인 일에 최선을 다할 수 있도록 하는 것. 이것이 바로 공복인 공직자가 담당해야 할 진정한 서번트 리더십이다.

선거에 출마한 많은 분들이 '주민들의 머슴' 혹은 '공복'이 되겠다는 말을 한다. 그러나 당선되고 나서는 굴림하고 싶어 하는 경향이 있다. 과거 관선 단체장 시절의 관행이 아직 뿌리 깊게 남은 탓이 아닐까 싶다.

과거 관선 단체장이 있던 시절 지방 정부는 중앙 정부의 정책을 집행하는 하부 기관이었다. 따라서 중앙 정부가 결정한 일을 일사분란하게 구체화하고 실현하는 역할이 중요 했다. 인구 규모가 작은 군과 시에서 행정고시에 합격한 30대 젊은 청년이 군수 혹은 시장을 할 수 있었던 이유도 이 때문이다. 상부의 지시를 잘 수행하는 게 우선이었기 때문이다. 여전히 이 같은 문화에서 벗어나지 못하는 단체장이 있다.

지자체에는 수없이 다양한 업무가 있다. 그 모든 걸 단체장이 전부 꿰뚫고 있을 수 없다. 그걸 본인이 잘 안다고 판단하는 순간 조직은 수동적으로 변하고 탄력을 잃어가면서 일이 오히려 망가지는 경우가 더 많다.

단체장이 공무원들에게 혹은 시민들에게 무엇을 하라고 지시하기보다 문제에 봉착하거나 어려운 상황과 마주치면 가서 해결해 줄 필요가 있다. 이를 바탕으로 각자 자신의 임무에 보다 충실할 수 있도록 해야 한다. 위대한 기업의 최고 경영자가 했던 업무 방식이 바로 이와 같았다. 따라서 각자에게 필요한 일을 할당 한 뒤 특별히 시비할 것이 없으면 그대로 추진할 필요가 있다. 각 분야별 담당자와 팀장이 아이디어와 창의성을 갖고 일하도록 한 뒤 발생한 문제에 대해서만 직접 나서 해결할 필요가 있다.

목표를 결정하고, 사람들에게 임무를 부여하고, 일사불란하게 그들을 지휘하고, 잘못을 질책하고, 위에서 지시하는 것이 리더의 자질이라고 한다면 나는 많이 부족한 사람일 수 있다. 그러나 모든 사람의 다양한 이해를 진심으로 이해하고 그걸 바탕으로 합리적 방식으로 조율해 마음을 합칠 수 있는 리더십의 발휘에는 누구보다 잘 할 자신이 있다. 그런 점에서 나는 사람들과 공감하고, 구성원의 어려움을 해결해주며, 꿈을 갖게 하고, 이해를 조정함으로써 구성원 각자의 능력이 최대한 발휘되도록 해주는 서번트 리더십의 추종자라고 할 수 있다.

지원은 하되 간섭하지 않는다
– 문화 및 공동체 정책의 원칙

/

　자치단체장이 갖춰야 할 서번트 리더십의 첫 번째 핵심은 앞서 이야기한 필요로 하거나 불편해 하거나 문제가 생긴 사안에 대해 가능하면 시민 혹은 공무원이 요구하기 전 미리 파악해 해결해 놓는 것이라고 생각한다. 그래야 조직원 각자가 자신의 일에 충실할 수 있다.

　두 번째는 지원은 하되 간섭은 하지 않는 소위 팔 길이 원칙을 지키는 것이다. 특히 문화 사업이나 교육공동체 사업과 같은 창의력이 요구되는 분야는 더더욱 그렇다.

　팔 길이 원칙은 영국이 최초로 만들었다. 영국은 1945년 예술평의회Arts Council를 창설하면서 예술을 정치와 관료행정으로부터 거리를 두도록 하기 위해 이 같은 원칙을 택했다. 공공이 민간에 지원은 하지만 팔 길이 밖에 둠으로써 손으로 만지작거리지 않겠다는 뜻이다. 아울러 보이지 않는 곳에 방치하지도 않고 지켜볼 수 있는 범위 안에 둔다는 의미도 동시에 내포 하고 있다.

팔 길이 원칙의 도입은 영국 정부와 사회가 예술의 가치 즉, 사회발전에 있어서 예술이 갖는 특성을 인식하고 있었기 때문에 가능했다. 공적 지원을 빌미로 정부가 의도하는 예술을 강요하는 관료적 간섭에서 벗어나 독립성과 자율성이 존중되어야 한다는 확고한 신념이 있어야 지킬 수 있는 원칙이다.

우리나라에서도 공공 분야 예술지원이나 문화예술기관 운영을 언급할 때 빼놓지 않고 인용하는 원칙이 바로 팔 길이 원칙이다. 그런데 이러한 원칙이 실질적으로 지켜지고 있는지는 의문이다.

아산시의 경우 2023년 초 아산 시장과 시의회가 격렬하게 대립했던 문제가 있었다. 지난해 아산시가 의회에 요청해 심의 의결한 교육경비 예산을 아산 시장이 의회와 사전 협의도 없이 일방적으로 집행을 중단해버린 것이다. 2023년 교육경비 예산은 적법한 절차를 거쳐 심의 의결된 예산이다. 그 사업 자체가 주민이 공동체를 결성해 진행한 교육 사업이었다.

따라서 시장이 독단적으로 바꿀 수 있는 사안이 아니다. 그럼에도 불구하고 예산이 성립됐다고 하더라도 문제가 있으면 집행할 수 없다고 고집을 부렸다. 말도 안 되는 일이다. 과거 관선 단체장이나 하던 일이다.

해당 예산은 여가부가 실시하는 방과 후 돌봄 사업에 관한 5억 원 정도의 예산이었다. 사실 아산시가 전액 지원한 것도 아니다. 시장이 몽니를 부려 집행하지 않으면 상당부분은 여가부로 반납

해야 한다.

사업이 정당한 절차를 거쳐 성립됐고 또 지원했다면 이후엔 신경 쓰지 말아야 한다. 관이 개입하면 오히려 잘 되던 일도 망가지는 경우가 허다하다.

나아가 단체장이 예산을 무기로 문화나 체육단체를 쥐고 흔들려는 태도도 바뀌어야 한다. 과거 체육회장을 시장이나 군수가 담당하던 시절이 있었다. 이를 통해 각 조직을 단체장이 쥐고 흔들 수 있었다. 폐단이 너무 많아 지금은 각종 체육회가 별도로 독립한 상태다.

그럼에도 불구하고 여전히 행사나 시설에 대한 지원금을 볼모로 지방정부가 체육 단체 등을 들었다 놨다하는 사례가 빈번하게 발생하고 있다. 본인 돈도 아닌 국민 세금인 데다가, 심사를 통해 공정하게 지원되는 걸 쥐고 흔들면서 문화가 됐든 체육단체가 됐든 너무 본인들 입맛에 맞게 움직이려고 한다. 만일 내가 시장이 된다면 최소한 문화나 교육 공동체 사업에 관한 지원에 대해서는 '지원은 하되 간섭은 하지 않는다'는 원칙을 철저하게 지킬 생각이다.

이와 관련 내가 단체장이 될 경우 해보고 싶은 사업이 있다. 작은 공동체 사업에 대한 지원이다. 예컨대 10여명이 모여 작은 독서 토론회를 만들거나 소박한 공동체 사업을 하는 것이다. 무엇을 해도 좋다.

이 같은 사업의 경우 정말 그 안에서 무엇이 이뤄지든 간섭하지 않는다는 원칙이 지켜질 필요가 있다. 그래야 공동체가 지속 가능할 뿐만 아니라 더 건강해지고 잘 될 수 있다. 시나 도에서 가이드라인을 주고 '이런 건 하지 말라, 이런 건 쓰지 말라, 이런 방향으로 해봐라'라고 하기 시작하는 순간 공동체들은 지리멸렬해진다.

표 없다고 무시하면 안 된다
- 어린이 청소년 외국인노동자

/

　어린이 청소년 외국인의 경우 투표권이 없다는 이유로 관심을 끌지 못하는 때가 많다. 그러나 그들 역시 아산 공동체의 중요한 일원이다. 아이들과 청소년은 아산의 미래다. 외국인노동자가 없다면 대한민국의 산업 생태계는 무너질 수밖에 없다. 따라서 이들의 문제에 대해 지방 정부가 보다 많은 관심을 가질 필요가 있다.

　만일 내가 시장이라면 우선 어린이 청소년을 보육하는 부모님이나 외국인을 고용하는 사업주들과 연대를 강화해보고 싶다. 외국인이나 청소년 당사자의 경우 집단적 요구를 할 수 있는 힘이 없기 때문에 이들을 양육하고 도와주는 집단의 의견을 우선 잘 모을 필요가 있다.

　동시에 당사자 생각을 직접적으로 듣는 기회도 만들어야 한다. 아산시의 경우 이미 베트남 주민회, 필리핀 도민회 등이 구성되어 있다. 그런데 지금까지 이들을 공식적 단체로 인정해 주지 않고 있다. 이에 대한 개선이 필요하다. 지역 단체로 인정하는 한편 각종 행사 등에 참여할 수 있는 기회도 국내 단체와 동일하게 인정해야 한다. 그래야 함께 사는 대한민국이 될 수 있다.

정당부터 바뀔 필요가 있다. 정당에 다문화 위원회가 있다. 그런데 다문화위원장을 한국인이 하고 있다. 이제 외국인 당사자에게 맡길 필요가 있다. 그들에게 실제적인 대표자로서 권한도 주어야 한다. 향후에는 외국인 출신 시의원도 나오고 도의원도 나와야 하지 않을까.

한국인이 미 의회에 당선되면 대한민국 사람들은 마치 자기 일처럼 기뻐한다. 반면 아산시 의회에 베트남 출신이 당선되는 상상에 대해서는 거부감이 강하다. 단일민족이라는 자긍심에 마치 상처를 입은 듯이 받아들이는 경향도 있다. 대한민국 출신이 미 의회에 당선될 수 있듯이 동남아 출신이 아산시 의회에 당선될 수도 있다. 낮은 출산율로 인해 외국인 근로자의 유입이 지속적으로 늘어날 수밖에 없는 상황에서 우리가 받아들이고 또 만들어가야 할 어쩌면 당연한 미래의 현실이다.

아울러 청소년들이 정치와 지방 행정에 좀 더 참여할 수 있는 길을 만들어야 한다. 각 학교에는 이미 학생회가 있고 학생회장도 있다. 이들의 대표성을 인정해 줄 필요가 있다. 단지 학교 선생님이나 학부모가 아닌 이 같은 학생 대표들의 의견을 정책에 반영할 수도 있다. 그런 점에서 학생회장을 공동체의 대표자 가운데 한 명으로 인정해야 하지 않을까. 대한민국 민주주의의 발단인 4.19 혁명 역시 고등학생들로부터 출발했다. 내가 시장이 된다면 중학교나 고등학교 학생회장단과 정기적으로 회의를 갖는 일도 해보고 싶다.

있는 거라도 찾아 먹게 하자
- 신청주의 복지체계 극복

/

대한민국 대부분의 복지제도는 신청주의다. 신청하지 않으면 받을 수가 없다. 문제는 본인이 뭘 받을 수 있는지 몰라 신청 못하는 경우가 생각보다 많다는 점이다. 복지 항목이 지나치게 세분화되고 조건이 까다로워 혜택을 받지 못하는 경우도 있다.

더 큰 문제는 경제적인 취약계층이 정보에서도 취약할 확률이 높다는 사실이다. 정작 복지 혜택을 받아야 할 계층이 정보 부족으로 받지 못하는 일이 발생한다. 거동을 하지 못하는 아버지를 생활고 때문에 방치해 죽음에 이르게 한 22세 청년의 '간병 살인'이나 투병과 생활고로 어려움을 겪다가 세상을 등진 '수원 세 모녀' 사건이 대표적으로 복지 신청주의에 따른 사각지대였다. 국세청에 따르면 2022년 근로장려금 신청 대상 중 미신청 가구가 21만4천 가구였다. 미지급액은 무려 1조2천억 원이다.

촘촘한 사회 안전망을 위해선 현행 복지 신청주의에 입각한 복지 시스템을 전반적으로 손질해야 한다. 신청주의에 반대되는 개

넘이 직권주의다. 복지 직권주의는 당사자의 신청과 상관없이 직권으로 복지 서비스를 제공하는 방식이다. 이에 대한 적극적 검토도 필요하다.

아울러 제도를 모르거나, 알아도 신청 방식을 몰라 혜택을 받지 못하는 사각지대를 최대한 해소해야 한다. 이를 위해 충청남도는 주민의 자발적 참여로 구성된 무보수, 명예직인 '명예사회복지공무원'이란 제도를 만들기도 했다. 이분들은 복지사각지대 발굴과 지자체 지원 사업 연계 등의 역할을 담당하고 있다. 이외에도 더 많은 노력이 필요하다.

우선 복지관련 내용을 널리 알릴 필요가 있다. 현재 아산시로 전입신고를 할 경우 문자 수신에 동의한 분들에 한해 어떤 복지 혜택을 받을 수 있는지 안내하고 있다. 아울러 지역에서 실시하는 각종 행사에 대한 안내도 이뤄지고 있다.

나는 여기서 한 발 더 나갈 필요가 있다고 생각한다. 각종 SNS를 활용하는 것이다. 예컨대 네이버 밴드에는 지역별 동아리 모임이 많다. 배드민턴을 좋아하는 사람, 축구를 좋아하는 사람들이 각각의 밴드를 만들어 의사소통도 하고 모임도 조직한다. 지역 네트워크가 활발하게 만들어지고 있는 공간이지만 공공 기관이 이곳을 잘 활용하지 못하고 있다. 밴드 구성원들과 합의하에 아산의 각종 소식과 주민이 받을 수 있는 복지 혜택을 밴드를 통해 알릴 수 있지 않을까 싶다. 이렇듯 네이버 밴드나 당근마켓 등 지역별

모임이 활성화된 온라인 매체를 통해 각종 소식을 전파할 필요가 있다.

이 같은 활동은 일종의 찾아가는 서비스다. 지역 주민들이 모인 곳에 찾아가 그 분들이 필요로 하는 소식을 알려드리고, 받을 수 있는 복지 혜택 등을 안내 해 주는 일이다.

예를 들어 아산 배방읍에는 청년센터가 있다. 그런데 배방읍 젊은이 가운데 청년 센터가 있다는 사실을 아는 경우는 극히 드물다. 영화도 공짜로 볼 수 있고 청년 기업을 시작할 수 있는 공간도 제공받을 수 있고, 책도 볼 수 있을 뿐만 아니라 각종 교육도 실시한다. 여러 혜택을 받을 수 있음에도 불구하고 모르기 때문에 이용하지 못하는 청년들이 많다. 젊은 층이 많이 모이는 밴드 등에 이달의 영화 상영 스케줄을 올리면 보다 많은 이들이 청년센터가 제공하는 복지 혜택을 받을 수 있다.

같은 맥락에서 내가 시장이 된다면 아산시에 전입해 오는 분들에게 청년들을 위한 정책은 무엇인지, 장애인을 위한 시설 혹은 체육시설은 어디에 있는지 등이 담겨있는 책자를 만들어 하나씩 나눠주고 싶다. 책 한권이면 아산시의 모든 복지 시설과 혜택을 알 수 있게끔 할 수 있다. 아울러 전자책으로도 만들어 각종 SNS 통해 쉽게 접할 수 있도록 한다면 누릴 수 있는 복지 혜택이 있음에도 불구하고 몰라서 받지 못하는 경우를 보다 더 줄일 수 있다.

접시를 깬 자에게 격려를 - 적극 행정이 필요

아무래도 접시 많이 닦는 사람이 많이 깰 수밖에 없다. 이 같은 상황에서 접시를 깬 숫자로 사람을 평가하기 시작하면 누구도 닦으려 하지 않는다. 특히나 새롭고 요상하게 생긴 접시가 등장하면 닦기를 꺼려한다. 잘 닦아야 본전이고 깨지면 질책이 이어지기 때문이다. 선뜻 나서지 못한다.

일도 크게 다르지 않다. 일을 많이 맡을수록 실수도 더 자주 하게 된다. 실수로 사람을 평가하기 시작하면, 의욕적으로 일하겠다는 마음도 줄고, 실패 가능성 높은 어려운 일은 피하게 된다. 무사안일과 복지부동이 증가한다.

특히 일을 많이 해 성과를 낼수록 주변으로부터 관심도 증가하고 타인의 질투를 유발하기도 한다. 그런 에너지로 인해 보이지 않던 흠집이 관찰되기도 하고 작은 실수를 물고 늘어지는 사람도 생겨난다. 접시 한 장을 깨면 '옳거니 잘 걸렸다'면서 그걸 빌미로 흔들어 댄다.

이 같은 맥락에서 꼬리가 몸통을 흔드는 경우가 자주 있다. 뭐든 완벽하게 해야 한다는 정서가 강한 탓에 작은 실수도 물고 늘어질 수 있는 빌미가 된다. 실수 한번 했다면 5점만 깎으면 되는데, 그 틈을 물고 늘어져 전체를 매도한다. 심지어 10년, 20년 전 문제를 끄집어내기도 한다.

물론 가능하면 접시를 깨지 않고 잘 닦아야 한다. 그럼에도 불구하고 하나 깼다고 사람을 마치 빵점 맞은 양 궁지로 몰아가서는 안 된다. 그럴수록 사람들은 소극적으로 변하게 되어 있다. 아무 일도 안해야 실수도 생기지 않기 때문이다. '잘해야 본전 못하면 빵점'이 되는 무거운 분위기 안에서 어떤 긍정적 활력도 기대하기 어렵다.

실패가 두려워 도전하지 못한다면 성공도 없다. 실패를 두려워하지 않고 도전하는 정신이 지금 필요하다. 설사 실패하더라도 격려하고 위로하면서 새로운 도전에 나설 수 있는 문화를 만들어야 한다.

그런 점에서 정말 중요한 건 깨지는 두려움 때문에 접시 닦는 일을 시작조차 하지 않는 분위기의 개선이다. 지역을 살릴 수 있는 일이라면 뭐든 시도해보는 용기가 필요하다. 이런 저런 문제를 제기하면서 '그게 되겠습니까?'라는 의문의 제기보다 '일단 한 번 해 봅시다'라는 도전 정신이 요구된다. 그렇지 않으면 조금씩 더워지는 비커 안에서 죽어가는 개구리 신세가 될 뿐이다.

2020년 정세균 전 국무총리는 재임 당시 '접시를 깨는 일은 인정할 수 있어도 일하지 않아 접시에 먼지가 끼는 것은 용인할 수 없다.'는 말과 함께 적극 행정을 요청했다.

적극행정은 '공무원이 공공의 이익을 위해 창의성과 전문성을 바탕으로 적극적으로 업무를 처리하는 행위, 국민의 삶과 기업 현장에서 일어나고 있는 많은 문제를 공무원들이 더 창의적이고 능동적으로 해결하는 일'을 말한다.

적극행정의 가장 중요한 요소는 '창의성'과 '능동성', 그리고 '과감함'이다. 우리나라는 법치주의 국가로서, 법과 제도가 잘 갖취진 국가다. 하지만, 우리의 삶은 법과 제도에 의해서만 흘러가지 않는다. 우리를 둘러싸고 있는 환경이 매우 동적이기 때문이다.

법령을 따져볼 겨를조차 없는, 촌각을 다투는 사안이 생기면 해당 업무를 관장하는 공무원 및 관계자들은 '결코 만만치 않은' 결정을 하게 될 기로에 서게 된다. 자신의 직관으로 기존 제도를 따르지 않고 새로운 방법을 모색할 수도 있고, 아니면 자신의 결정에 무거운 책임을 져야 한다는 생각으로 소극적인 태도를 취할 수도 있다. 접시를 깬 사람이 격려와 박수를 받는 문화가 만들어진다면 이 같은 소극적 태도로 문제로 조직을 서서히 말라 죽이는 일을 줄일 수 있다.

새로운 열정과 사람 냄새가 필요하다

/

　열정이 필요하다. 새로운 상상력은 곧 에너지와 열정을 갖고 있는 행동으로 뒷받침 되어야 한다. 열정은 감염되는 성질이 있다. 작은 불꽃이 들판 전체를 활활 타오르게 만들 수 있는 것이다. 리더가 열정을 갖고 일에 임하면, 자연스럽게 그 열정이 다른 사람에게 전파가 된다. 그래서 모든 사람이 열정을 갖고 일을 하기 시작한다.

　자치단체장이 열정을 보여야 공무원들도 열의를 갖고 업무에 임하게 된다. 아산시에 필요한 일자리 확보나 앞서 이야기한 랜드마크 호텔이나 대형 쇼핑몰 유치도 마찬가지다. 열정이 부족한 상태에서는 제대로 할 수가 없다. 사업을 하기 위해 아산을 방문한 기업인들에게 공무원들이 책상에 앉아 콩이 나오니 팥이 나오니 따지기만 하면, 그 분들은 발길을 다른 곳으로 돌린다. 우리 부처 권한이 아니니 다른 곳에서 알아보라는 등의 말로 찾아오는 기업을 힘 빠지게 만들면 안 되는 것이다.

　이렇듯 공직에 있는 분들의 열정이 시민들 눈에 보이기 시작하면 아산은 거대한 변화를 시작할 수 있다. 거대한 용광로처럼 뜨겁게 달아오른다면 우리 안에 있는 모든 불순물을 걸러내고, 다양한 강점을 하나로 녹여 정말 멋진 아산이란 도시를 만들 수 있다.

이 같은 열정이 넘치는 이들에겐 사람 냄새가 난다. 그런 점에서 타오르는 열정은 구수한 사람 냄새로 이어져야 한다. 범접할 수 없는 권위에 쌓여 보통사람과 다른 모습의 리더가 아니라 정말 '보통 사람'과 같은 리더라고 할 수 있다.

사실 나 같은 경우 만나는 분들로부터 사람 냄새가 난다는 이야기를 들을 때 가장 기분이 좋다. 나는 사람들에게 권위에 휩싸인 카리스마 넘치는 존재로 비치기보다 친숙한 이웃사촌으로 비춰질 때 참 마음이 편하다. 정말 서민들의 마음에 공감하면서 그 분들의 손을 꼭 잡아주면 마음이 편해진다.

머릿속에 남아있는 장면중 하나가 모내기철 논바닥에 앉아 농민들과 막걸리 잔을 기울이던 노무현 대통령의 모습이다. 그 모습에서 나를 포함한 수많은 대한민국 분들이 사람 냄새를 맡았을 것이다. 우리에게 필요한 리더는 이런 사람이 아닐까.

불교의 큰 별인 성철 스님 강연 테이프를 들은 적이 있다. 그런데 말투가 근엄하기 보단 동네 아저씨였다. 말에서 어떤 권위도 찾아볼 수 없었다.

성철스님 일대기를 쓴 정찬주는 그래서 "선사들의 특징 중 하나가 아이처럼 천진하다는 점"이라고 말한다. 가식이란 옷을 벗었기 때문이다. 그런데 젊은 스님들은 선사의 꾸밈없는 언행에 질색했다고 한다. 때론 인의 장막을 치기도 한다. 선사에게 권위라는 무게를 얹으려 하는 것이다.

근엄한 표정으로 높은 자리에 있는 리더가 아닌, 시장으로 내려와 함께 울고 떠드는 사람냄새가 나는 리더가 많아야 대한민국은 산업화 민주화를 넘어 선진국이 될 수 있다.

물론 시장이나 시의원으로서 맡은 직책은 때론 권위 있게 수행해야 한다. 리더는 직책에 따라 결재를 하고 집행을 해야 할 일에 대해서는 확실한 권위와 그에 따른 책임의식이 필요하다. 하지만 인간적 무게는 헌법에 명시된 것처럼 모든 사람이 동일하다. 따라서 두 개의 구분이 필요하다. 공무를 수행할 땐 자치단체장과 실무팀장의 관계라 할지라도 밖에서는 동등한 인격을 가진 형이고 동생이고 삼촌이다. 이게 곧 차별 없는 사람냄새 나는 민주주의를 만드는 길이다.

힘든 일을 내가 먼저
- 솔선수범 리더십이 필요하다

/

중국 춘추전국시대 진(秦)나라에는 전쟁에 나갔다하면 이기는 '백기'라는 장군이 있었다. 그는 군사를 이끌고 전쟁에 나가면 가장 낮은 계급의 병졸들과 같은 음식을 먹고 같은 잠자리에 들었다. 그러던 와중 하루는 한 병사가 다리에 난 종기가 곪아 잘 걷지를 못하자, 백기 장군은 손수 종기를 짜주고 입으로 고름을 빨아냈다.

그 소식을 듣고 병사의 어머니가 슬피 울었다. 사람들이 이상히 여겨 그 까닭을 묻자 그 여인이 대답했다.

"십수년 전 애 아비가 전쟁에 나갔을 때도 백기 장군이 종기를 짜주었습니다. 애 아비는 감격한 나머지 싸움터에서 한 발 짝도 물러서지 않고 싸우다 전사했습니다. 이제 또 백기 장군이 제 아이의 종기를 짜주고 고름을 빨아내니, 저는 아들도 아비처럼 전사하지 않을까 두렵습니다."

폼 나는 일은 리더가 하고 궂은 일은 아랫사람에게 맡기는 시스템이 민주주의 사회에서 좋은 조직을 만들 수 없다. 반대로 지도자는 다른 사람이 하기 싫어하는 일에 앞장서야 한다. '하인들에게 시키면 되지 않느냐'는 말을 하는 리더가 아닌, 스스로 머슴이 돼 그 일을 해결해 주는 리더가 필요하다.

그럴 때 민주사회의 시민들은 비로소 리더를 위해, 리더가 이끌고 있는 조직을 위해 최선을 다한다. 구성원 각자가 자신의 일에 주인 의식을 갖게 된다. 리더는 편하게 책상에 앉아 있고, 궂은일은 아랫사람에게 맡기면 조직은 형식적으로 변하고 탄력성은 떨어진다.

궂은일에 먼저 팔을 걷어 올릴 수 있는 리더. 이것이 바로 우리 사회가 그토록 강조하는 '솔선수범'이란 덕목이 아닐까. 그걸 잊지 않고 지키는 자세가 바로 봉사하는 리더십의 중요한 요인 중에 하나다.

훌륭한 의사의 모범이었던 슈바이처 박사는 '솔선수범은 다른 사람에게 영향을 미치는 가장 좋은 방법이 아닌 유일한 방법'이란 말을 남겼다. 그리고 스스로 인간을 살리는 의술을 펼쳤다. 민원실에 휴지가 떨어져 있는 걸 보고 왜 휴지가 떨어져있냐고 담당자를 질책하는 대신 먼저 줍는 게 리더의 솔선수범이라고 생각한다. 슈바이처 박사에 따르면 민원실을 깨끗하게 만드는 유일한 방법은 이렇듯 리더가 먼저 떨어져 있는 휴지를 줍는 모범을 보일 때다.

아산 시민과 호흡하는 일에 도전해 보고 싶은 용기가 나는 이유 역시, 이러한 리더십이 이제 정말 필요하고 또 내가 충분히 실천할 수 있다는 생각 때문이다. 이를 통해 아산은 하나의 공동체가 될 수 있고 좋은 도시에서 위대한 도시로 나아갈 수 있다.

유능한 공무원 조직이 되어야 한다
- 점진적 혁신이 필요

/

　일반 행정직 공무원의 경우 여러 이유 때문에 업무가 자주 바뀐다. 우선 한 곳에 오래 있으면 부정부패의 가능성이 있다고 보고 순환 보직을 하고 있다. 동시에 승진이 빠른 부서와 늦은 곳이 엄연히 존재하는 상태에서, 좋은 곳에 많은 사람이 갈 수 있도록 해야 한다는 생각이 공무원 사회에 뿌리 깊게 존재한다. 자리는 제한되어 있으니 시간을 나눠, '올해는 내가 1년 다음해에는 당신이 1년' 이런 식으로 운영하게 된다. 이 때문에 나타나는 현상이 전문성 부족이다. 대한민국 공무원 사회가 갖고 있는 아주 오래된 문제다.

　거기에 공무원 조직은 연공서열이 확실하다. 나보다 낮은 기수의 후배가 더 빨리 승진하는 일에 대한 거부감이 크다. 능력에 따른 인사가 어렵다. 따라서 조직이 갖고 있는 역량만큼의 능력을 발휘하지 못하는 문제가 발생한다.

　순혈의식도 강하다. 순혈주의는 순수한 혈통만을 선호하고 다른 종족은 배척하는 생각이다. 우리들만이 잘 할 수 있고 타인이 섞이면 오히려 불순해지고 잡탕이 된다는 생각이 강한 힘을 갖는다. 이 같은 순혈 의식이 나와 다른 걸 배척하는 문화를 만들면서 발전성을 떨어뜨린다.

순혈주의가 강한 문화 안에서는 정치와 행정의 기능이 서로 상호 작용을 하지 못한다. 다른 대학 출신 혹은 다른 지역 출신을 기용하거나 활용하는 데 인색하다. 본인들끼리 해야 마음이 놓이고 직성이 풀린다. 섞여있으면 잡종이라고 멸시한다.

그런데 생물학에서 잡종은 순종에 비해 우월한 성질을 갖는 존재다. 우리가 멸시하고 무시하는 잡종이 사실 생물학적으로 뛰어나다. 이 같은 잡종의 우월함을 배척한가운데 성장한다는 건 불가능에 가깝다고 할 수 있다.

이 같은 공무원 조직 문화를 하루아침에 바꾸는 건 쉽지 않다. 그러나 유능한 조직이 되기 위해서 변화가 필요하다. 아무리 많은 돈을 들여 인재를 모아도 제대로 활용하지 못하면 도움이 안 된다. 반면 장점을 살리면 하나의 능력으로도 두 개 세 개를 만들어낸다. 조직 구성원 각자의 장점을 잘 파악해 적재적소에 배치하면 자신의 능력을 한껏 발휘할 수 있다.

순환보직제도와 연공서열을 하루아침에 바꿀 수는 없다. 그러나 동시에 능력에 따른 배치를 어느 정도 확산시킬 필요가 있다. 아울러 순혈주의 문화에서 벗어날 필요도 있다. 이를 위해 개방형

직위 확대를 통해 외부 인력에 대한 보다 많은 수혈이 필요하다.

치열한 사회에서 살아남아야 하는 기업은 이미 순혈주의를 포기하고 있다. 초일류 기업 삼성에서 임원이 되는 사람은 대학 졸업 뒤 공채로 입사해 20년, 30년 삼성에 젊음을 바친 사람만이 아니다. 삼성과 경쟁관계에 있던 기업에서 일하던 사람들도 과감히 스카우트 할 뿐만 아니라 임원으로 발탁한다.

공무원 조직도 마찬가지다. 공무원 시험에 합격한 이들 뿐만 아니라 사회적으로 전문성을 키운 이들을 과감히 발탁할 필요가 있다. 스스로 잡종의 길을 걸어야 한다. 이유는 간단하다. 그래야 살아남기 때문이다.

미국은 세계 최강이 됐다. 미국 프로야구를 보면 전 세계에서 가장 잘하는 선수들을 모아 놓는다. 실력만 있다면 국적과 인종에 상관없이 누구나 경기에 참가할 수 있다. 이 같은 문화가 어느 정도는 공무원 사회에서도 필요하다.

더 안전한 도시가 되어야 한다

/

한 도시의 경쟁력은 안전에 있다. 누구나 인정한다. 그러나 재원을 투자하지 않는다. 사고는 나의 일이 아닌 남의 일이라고 생각하는 탓이다. 나만 조심하고 사고를 안 당하면 된다고 믿는 경향도 있다. 따라서 돈을 쓰는 일에 인색하다. 상황이 개선될리 만무하다.

이 같은 문화가 만들어낸 결과가 바로 사고공화국이다. OECD에 따르면, 사고 사망률이 회원국 중 세 번째로 높다. OECD 평균보다 무려 1.5배나 많다.

국민 4명 중 한명은 1년에 한 번 이상 사고로 병의원 치료를 받는 상황이다. 국민건강보험공단에 따르면 병의원 치료 사고는 한 해 천만 건이 넘는다.

사회경제적 부담도 천문학적이다. 사고로 죽거나 일을 못해 발생한 손실까지 더하면, 사회경제적 부담은 연간 27조원에 이르는 것으로 알려져 있다.

사고 공화국에선 아이 혼자 집 밖에 내놓기 겁난다. 예닐곱 살

아이가 집 앞 태권도, 피아노 학원을 갈 때에도 꼭 보호자가 데려다 주어야 한다. 아파트 단지와 주택가 골목을 질주하는 자동차가 겁나 아이 혼자 밖에 보낼 수가 없다. 어른 한 명이 항상 아이에게 붙어 있어야 한다.

따라서 다른 일을 할 수가 없다. 미취학이나 초등학교 저학년 자녀를 둔 여성이 직장 생활을 중단할 수밖에 없는 것이 이 때문이다. 건널목 하나를 두고, 아파트 전세 값이 하늘과 땅 만큼 차이를 보이는 중요한 이유 중 하나가 바로 '건널목을 건너지 않고 학교에 갈 수 있는지 여부'이다.

늦은 시간, 버스 정류장에서 학원을 마친 아이와 퇴근하는 딸을 기다리는 부모들. 낯설지 않은 풍경이다. 버스 정류장에서 집까지 함께 걸으며, 부모와 자식 간의 살가운 정을 느낄 수 있는 시간이기도 하다.

그러나 많은 부모들이 졸린 눈을 비비며, 버스 정류장으로 나서는 것은 자식과 정을 나누고 싶은 훈훈한 마음 때문만은 아니다. 행여 불량배에게 곤욕을 치르지는 않을까라는 걱정 때문에라도 버스 정류장에 나가지 않을 수 없다. 대체로 이런 풍경은 허름한 동네에서 더 익숙하다. 호신용 가스총이 더 잘 팔리는 동네도 이런 곳이다.

인간의 욕구는 5단계로 이루어져 있다. 미국의 저명한 심리학자인 에이브러햄 매슬로우의 이야기다. 1단계는 생물학적 욕구로

의식주를 해결하는 가장 기본적 수준이다. 2단계는 안전 욕구로 신체적, 감정적 위험으로부터 안전을 보장받고자 하는 욕망이다. 3단계는 소속감과 애정 욕구, 4단계는 존경 욕구, 그리고 마지막 5단계는 자아실현 욕구이다.

즉, 의식주 다음이 바로 '안전'이다. 그런데 총기 소지가 허가된 미국보다 더 높은 사고 발생률을 우리는 기록하고 있다. 과연 국민이 행복할 수 있는 조건을 갖추고 있는 곰곰이 따져봐야 한다.

제5장

/

아산에 새긴 발자취

단식투쟁으로 쟁취한 천안아산 상생도서관

/

2013년 12일간 단식을 진행했던 적이 있었다. 도서관 때문이었다. 아산 신도시를 조성하면서 LH는 주민들에게 입주 설명서에 도서관 건립을 약속했다. 당연히 아파트를 분양받아 입주한 주민들은 도서관이 생길 것으로 기대했다. 도서관은 지역사회에 중요한 구심 역할을 한다. 있는 것과 없는 건 하늘과 땅만큼의 차이가 있다. 특히 젊은 부부들이 선호하는 시설이다. 도서관이 있으면 아이들에게 책 읽는 습관을 만들어 주기 용이하기 때문이다.

하지만 2011년 국정감사에서 LH의 지역 환원 사업에 문제가 있다는 지적이 나오면서 꼬이기 시작했다. LH는 당초 2012년 아산 신도시 내 도서관 건립을 지역 환원사업의 일환으로 시행하려 했으나 취소했다. 당연히 기대하던 주민들 사이에서는 '왜 도서관이 안 생기지?'라는 의문이 증폭되었다.

엎친 데 덮친 격으로 당시 신도시 내 한 단지에서 800세대 중 200세대의 스프링클러가 파열되는 하자가 발생했다. 한 두 세대도 아니고 4분의 1 세대의 스프링클러에 문제가 생긴 것이다. 천장에서 물이 새고 입주민 간 분쟁이 발생하다 보니 부실시공과 도서관 건립 약속 불이행에 대한 주민들의 불만이 하늘을 찔렀다. 이에 당시 시의원이던 나는 2013년 2월부터 주민들과 함께 신도시 도서관 추진위원회를 결성했다.

'신도시에 도서관이 예정되어 있었으나 LH가 이를 이행하지 않고 있다'는 분양 사기에 가까운 LH의 기만에 대한 내용들을 주민들과 함께 홍보했다. 주민들과 함께 바자회나 체육 문화 행사 등을 즐겁게 하면서 신도시 도서관 필요성에 대해 홍보하고 당위성을 만들어 나갔다. 계획대로 도서관을 설립하라는 요구를 LH에 공식적인 경로를 통해 여러 차례 하기도 했다. 그러나 주민들의 시위성 행사나 공식 요구에 공사는 묵묵부답으로 일관했다.

6개월이 되어도 공식적인 답변을 하지 않아서 나는 당시 LH 사업장 앞에 천막을 치고 단식에 돌입했다. 8월말이라 낮에는 땡볕으로 여전히 더웠다. 그럼에도 불구하고 더 이상 LH의 불성실한 태도를 두고 볼 수 없어서 과감히 단식 투쟁을 선언했다.

단식투쟁은 가장 평화적인 동시에 극단적인 싸움 방법이다. 목숨을 걸고 하는 가장 평화적인 투쟁이라고 할 수 있다. 문제에 대한 해결 의지가 얼마나 강한지 보여주는 방식이다. 목숨을 걸고라도 문제를 해결하겠다는 결연한 의지를 드러낸다.

12일 간 진행되는 단식기간동안 주민들이 콘서트 등을 통해 힘을 함께 모았다. 나의 작은 희생이 힘을 하나로 모으는 기폭제가 됐다. 덕분에 12일 만에 LH 대전충남 사업단장과, 충남 부지사, 그리고 도당 위원장이었던 박수현 의원과 복기왕 시장이 함께 방문해 도서관 설립에 힘을 모으기로 결의하는 성과를 거뒀다.

시의원이 된 지 얼마 되지 않은 때의 일이었다. 지시하고 으름장을 놓는 의원이 아닌 작지만 주민들에게 소중한 일에 팔 걷어 부치고 최선을 다해 뛰어드는 청년 시의원이 되겠다는 내 의지를 실천하는 일이었다. 힘들고 고생스러웠지만 뿌듯했다. 아마 단식이란 카드까지 꺼내든 시의원 앞에서 공사 관계자들은 화들짝 놀랐을지도 모른다. 그러나 이 같은 결연함이 결국 결과를 만들었다.

설립이 합의된 만큼 본격적으로 해결해야 할 또 다른 문제가 있었다. 바로 위치였다. 도서관 부지의 주소지는 천안 불당동이지만 이용자 대부분은 아산 시민이었다. 따라서 애매한 점이 많았고, 향후 관리 주체를 어디로 둘지에 대한 논란도 있었다. 행정 구역상 당연히 천안시가 관리해야 하지만 정작 이용 주민은 아산시민인데 천안시가 관리하는 게 딱히 합리적이지도 않았다.

이런 경우 그냥 중립적인 위치에 있는 제 3자에게 넘기는 게 최선일 수도 있었다. 따라서 도립 도서관으로 지정하자는 목소리가 나왔다. 그러나 두 도시의 상생 모델을 만드는 계기로 활용하는 게 낫다는 판단을 나는 했다. 두 도시 간 공동 문제에 관한 상생모델을 만드는 계기로 활용하자는 제안을 관계자들에게 했다.

사실 아산과 천안은 도시가 붙어있다. 사이좋게 지내기도 하지만 분쟁도 발생한다. 전국적으로 떠들썩했던 분쟁은 아마도 KTX 역사명이지 않았을까. 천안시는 천안역으로, 아산시는 아산역을 고집했다. 결국 천안아산역으로 타협했지만 두 도시 간 이해관계가 충돌했던 사례였다.

어차피 상생을 해야 하는 두 도시기에 이 같은 애매한 경우 양측에 모두 도움이 되는 방법을 찾는 게 낫다고 판단했다. 이후 행정안전부 법률에 있는 사례를 이용해 두 도시 공동의 문제를 해결하는 지역상생협의회란 조합을 구성했다. 향후 발생하는 모든 문제를 그 안에서 논의해 모두에게 최선인 방법을 대화와 타협을 통해 찾아보자는 취지였다. 그리고 첫 번째 의제로 천안아산 상생도서관 설립을 추진했다.

여러 차례 협의를 거쳐 LH에서 50억 원을 출연하고, 아산시와 천안시가 국비가 포함된 나머지 재원을 부담해 도서관 건립에 착공할 수 있었다. 이후 2년은 천안이 운영하고, 2년은 아산이 주도적으로 운영하는 형태로 두 도시의 상생 모델이 만들어 졌다.

지금도 가끔 책을 보거나 자료를 찾아야 할 일이 있을 때 천안아산 상생도서관을 찾는다. 그 때마다 당시 기억이 불현듯 떠오른다. 의지를 갖고 최선을 다하면 문제를 해결할 수 있다는 다짐과 더불어 젊은 초선 의원이 갖고 있던 뜨거운 열정을 잃지 않고 간직하겠다는 각오를 하게 된다.

노동자의 권리를 위해 몸을 던지다

/

　2011년 대한민국을 떠들썩하게 했던 사건이 아산에서 벌어졌다. 바로 유성기업 노사분규다. 그해 5월 노조는 노사 협상이 결렬되자 쟁의행위 찬반투표에 돌입했고, 78퍼센트의 찬성률로 파업을 가결했다. 그러자 사측은 직장폐쇄로 맞섰다.

　사태는 공장 부근에서 교통사고가 발생하면서 커졌다. 노조에 따르면 차량 운전자는 사측이 고용한 용역직원이었다. 노조원 11

명이 부상을 당하자 노동조합은 전면파업과 공장 점거농성에 돌입했다. 이후 지방 중소기업의 노사분규는 한국 사회의 핫이슈로 부상했다.

이 업체가 만들던 1000원짜리 피스톤링 생산 중단으로 국내 자동차업계 조업이 완전히 멈출 수 있다는 주장이 제기된 탓이다. 정부는 사측 편이었다. 당시 이명박 대통령은 연봉 7천만 원을 받는 귀족 노조의 불법 파업이라면서 노동자를 비난했다. 경찰은 사측 고소에 따라 노조 집행부 9명에 대한 검거에 나섰고 공권력을 동원해 공장안으로 강제 진입을 시도했다.

당시 나는 노동자들과 함께 집회 대열에 함께 했다. 약자에게 힘을 보태준다는 생각으로 함께 했다. 그러나 사실상 사측과의 조정이나 협상은 불가능했다.

정치인으로서 약자인 노조에 힘을 보탠 일도 의미가 있었다. 하지만 공공의 힘으로 사측을 테이블로 끌어내 중재하고 협상을 이뤄내지 못한 점에 대한 아쉬움이 컸다.

그러던 차에 2016년 지역에 자리잡고 있는 자동차 부품 생산 업체인 갑을 오토텍에서 노사 문제가 발생했다. 당시 사측은 눈엣가시 같다고 생각한 노조를 없애려는 시도를 했고 이에 노조가 반발하면서 싸움은 험악해졌다.

노동자들은 회사의 직장 폐쇄 움직임에 맞서서 공장을 점거한 가운데 농성에 돌입한 상태였고, 회사는 용역을 동원해 점거 농성

중인 노동조합을 해체하려고 시도했다. 여기에서 나는 또 고민에 빠졌다.

유성기업 당시처럼 똑같이 노동자 편에서 함께 싸울 것인가 아니면 다른 역할을 할까. 그리고 다른 역할을 해보기로 했다. 어떻게든 양측을 협상테이블로 끌어내는 데 일조하고 싶었다. 그게 모두를 위한 길이라고 판단했기 때문이었다.

나는 함께 시의원을 하고 있었던 조철기 의원과 함께 용역 진입이 예상되는 시기에 공장정문 앞에 의자를 깔고 앉았다. 싸우려거든 나를 밟고 가라는 비장한 각오였다. 당시 공장 진입을 시도하는 용역 직원들은 대개 덩치가 좋고 무술도 했을 법한 날렵함도 있었다. 그들의 차가운 눈빛에 공포감이 몰려오기도 했다. 그러나 내가 여기서 물러서면 양측은 결국 극단적인 싸움을 하면서 큰 피해를 입을 수밖에 없는 상황이 눈에 선했기에 이를 악물고 버텼다.

용역 진입을 막는 한편 더 많은 대화를 요구하면서 3박 4일 공장 문 앞에서 밤을 지새웠다. 당연히 사측에서는 지역 시 의원이 회사 운영을 어렵게 한다는 불만을 토로했다. 그런 사측을 향해 나는 간곡하게 "서로 다치고 손해 보는 길이 아닌 상생할 수 있는 대화에 한 번 더 나서달라"고 부탁하고 때론 촉구했다. 지역 국회 의원이었던 강훈식 의원도 함께 힘을 보탰다. 아울러 아산시와 충청남도가 대화 프로그램을 꾸준히 진행해 다행히 물리적 충돌 없이 협상에 이르게 됐다.

  이런 과정을 통해 대화로 노사 문제를 해결하는 문화가 아산과 천안의 자동차 부품 기업에 안착되는 계기가 됐다. 천만 다행일 수밖에 없었다. 두렵고 힘든 3박 4일이었지만 평화롭게 모든 게 해결되면서 큰 보람을 느끼기도 했다.

물론 내 노력만으로 모든 게 이뤄진 건 분명 아니다. 그러나 한 가지 분명한 사실이 있다. 과거 노사 문제가 발생할 경우 지방 정부는 크게 할 일이 없다고 생각했다. 고용노동부가 풀어야 할 숙제라며 단념했다. 지역사회를 황폐화하는 사건이 벌어졌음에도 불구하고 할 수 있는 게 없다는 무력감에 지방정부가 빠지기도 했다.

그러나 갑을 오토텍 노사분규를 기점으로 아산뿐만 아니라 전국적으로 노사간 대화와 타협을 이끌어내려는 지방 정부의 노력이 증가했다. 대립과 갈등이 아닌 대화와 타협으로 상생하는 문화가 대한민국에 조금이라도 더 안착되는 데 기여했다.

여전히 갑을 오토텍의 노사 양측은 껄끄러운 관계에 있는지도 모른다. 그러나 동시에 여전히 비행기의 양 날개가 돼 공장을 돌리고 있다. 가끔 갑을 오토텍 노동자나 당시 함께 활동했던 가족들을 만나 반갑게 그때의 상황을 이야기한다. 참으로 감사한 일이다. 피비린내 나는 유혈 사태가 벌어지기라도 했다면 기쁘게 옛날 이야기를 하는 게 불가능했을지도 모른다.

대 변신에 성공한 거산초등학교와 송남중학교

/

아산시 송악면은 인구도 적고 산과 농지로 이뤄진 농촌 지역이다. 그럼에도 불구하고 혁신학교가 일찍부터 자리를 잡으면서 도시민들이 아이들의 초등학교, 중학교 교육을 위해 이사 오는 지역이 됐다. 공기 좋은 곳에서 마음껏 뛰어 놀면서도 학교 교육을 충실히 받을 수 있다.

이 같은 상황은 학생 수로 대변된다. 송악면에는 2개의 초등학교(송남초등학교, 거산초등학교)와 1개의 중학교(송남중학교)가 있다. 그런데 다른 농어촌 학교와 달리 학생 수가 100명대에 달하는 중급 학교로 운영된다. 어떻게 운영하느냐에 따라 시골학교도 경쟁력을 갖는 한편 아이들에게 좋은 교육환경을 제공할 수 있다는 사실을 보여준 대표적 경우다.

이들 학교를 보면서 개인적으로 안타까운 점이 있었다. 학교 시설이 대부분 30~40년이 지나 노후화되었다는 사실이다. 그럼에도 불구하고 신규 투자가 쉽지 않았다. 시골학교의 경우 인구 감소로 언제 폐교될지도 모르는 상황에서 교육청이 신규 투자를 하기는 쉽지 않다.

따라서 학부모들의 불만도 컸다. 좋은 교육을 위해서 농촌 지역으로 이사 와 아이들을 키우는 학부모 입장에서는 본인들의 노력에 비해 학교 시설과 환경이 뒷받침하지 못한다는 생각을 할 수밖에 없다.

그런데 때마침 충남교육청과 교육부가 대규모 교육환경 개선 사업인 학교 공간 혁신화 사업을 시작한다는 소식이 전해졌다. 이 사업은 기존 학교를 전부 철거하고 새로 짓는 형태가 아닌, 기존 공간을 이용하되 필요한 형태로 개축하는 동시에 여러 첨단 시설을 그 안에 투입하는 사업이었다. 건물의 골격은 유지하더라도 첨단 교육이 가능하도록 공간을 바꾸는 셈이다. 혁신도시의 요람과도 같은 송악면의 거산초등학교, 송남중학교에 딱 알맞은 사업이라는 생각이 들었다.

사실 송남중학교의 경우 노후도가 C 혹은 D 등급으로 개축이 필요하나 교육부가 정한 기준에는 다소 모자란 상태였다. 다행히 김지철 교육감과 여러분의 노력으로 학교 공간 혁신 사업의 대상지로 거산초등학교뿐만 아니라 송남중학교도 선정됐다. 이후 거산초등학교에는 89억원, 송남중학교에는 145억원이란 큰 예산이 투입돼 거의 신축에 가까울 정도로 학교가 새롭게 태어났다.

이 과정에서 학부모들의 관심을 반영하기 위해 어떤 학교를 만들지 충분히 토론하고 설계하는 과정을 거쳤다. 학부모들이 원하는 100퍼센트를 설계에 반영하지는 못했지만 가능하면 반영하기 위해 수차례 설계를 수정하고 변경한 바 있다. 그 과정을 통해 지어진 혁신학교는 아마 전국 최초일 것이다.

송남초등학교의 경우 과거 학교 운동장은 조회와 축구 등이 가능한 모래 운동장이었다. 여기에 약간의 운동 시설이 전부였다. 이 같은 학교 운동장을 놀이터 개념으로 바꿔 개조를 진행했다. 따라서 지금은 아이들이 재미있게 뛰어놀 수 있는 생태 놀이터 개념의 운동장으로 변했다. 더불어 풋살장을 설치해 축구도 즐길 수 있도록 했다.

학교공간혁신의 최종적 목표는 수업혁신에 있고, 수업혁신은 아이들이 행복한 학습자 중심의 교육과정을 실현하는 데 있다. 따라서 학교공간혁신사업의 성과는 변화된 공간의 양과 질에 있는 것이 아니라 변화된 수업의 양과 질에 있으며 그 변화로 인한 학생들의 수업만족도로 평가되어야 한다. 이에 부응해 아이들이 행복한 모습을 보면서 송악면 주민 모두 이 같은 변화를 기쁘게 받아들이고 있다.

최고의 정보 문화 산업 기지를 만들다

/

아산천안에만 15개의 대학이 있다. 15개 대학 가운데 게임과 콘텐츠 관련된 전공역시 많다. 그런데 이 학과 학생 대부분 졸업 이후 수도권으로 일자리를 찾아 떠난다. 그 사실이 늘 안타까웠다. 청년들이 많아야 도시에 생기가 돌고, 미래 또한 밝다. 그들을 붙잡지 못하는 현실은 곧 아산의 미래가 썩 밝지 않다는 뜻이기도 하다.

아산 천안에는 왜 괜찮은 콘텐츠 회사나 게임 회사 혹은 애니메이션을 만드는 회사들이 없을까. 늘 내 머리를 맴도는 고민이었다. 아울러 증강현실(AR)이나 가상현실(VR)처럼 새로운 정보통신(ICT) 기업들이 드물다는 점도 마음을 무겁게 했다. 그러면서 국가 공모 사업을 유심히 보기 시작했다. 모든 일에는 마중물이 필요하다. 일단 국가사업 유치로 기반을 닦으면 그 위로 새로운 사업들이 차곡차곡 쌓일 수 있다고 생각했다.

그러던 가운데 글로벌 게임센터, 콘텐츠 기업지원센터, AR/VR 제작거점센터를 만드는 사업을 인지하게 됐다. 이를 당시 국회 예산결산위 소속이던 강훈식 의원과 함께 충남도와 협의해 아산에 가져왔다. 기존의 콘텐츠 기업 지원센터에 더해 인근에 건물을 임차해서 글로벌 게임센터를 유치했고 AR VR 센터도 세웠다. 이 과정에서 관련된 많은 기업들이 아산천안으로 내려와 입주를 했는데, 문제는 일하는 임직원들의 주거 문제였다.

실제 이사 와 살기 위해선 집을 얻어야 하는 데 주거비가 걸린다. 특히 사회 초년생이나 새롭게 창업에 나선 이들의 경우 주거비가 적잖은 부담이 될 수밖에 없었다. 원래 거주하던 수도권지역에서야 부모님 집에서 출퇴근 할 수도 있다. 그러나 아산까지 전철 등으로 출퇴근하는 일은 만만치 않다.

이때 충남정보문화산업진흥원 직원들과 함께 직원들의 숙소비를 일부 지원해 주는 사업을 진행했다. 지역 주민에게는 공실이었던 원룸과 오피스텔의 임차인을 구해주는 이점이 있었고 입주해 있던 콘텐츠 기업들은 숙소에 대한 경제적 걱정 없이 가까운 곳에서 편히 쉬면서 일할 수 있는 계기가 됐다.

그 결과 2021년, 2022년 충남 글로벌 게임센터는 전국 평가 1위를 달성했다. 아울러 괜찮은 기업들이 성과를 내고 있다. 2021년 입주기업 매출 161억 원을 달성했고 투자유치도 역대 최고치인 83억 원에 달했다. 그러면서 도내 게임 산업 생태계 기반을 다졌다는 평가를 받고 있다. 충남의 게임과 컨텐츠 사업의 중심지로 아산이 자리를 잡아가는 모양새다. 더 경쟁력 있는 기업으로 이들이 성장한다면 아산을 졸업한 청년들에게도 더 많은 일자리를 제공할 수 있다.

일자리를 만드는 일은 단순히 회사를 설립하도록 도와주는 선에서 끝나서는 안 되다는 사실을 깨달았던 일이었다. 편하게 쉴 수 있는 정주 여건을 마련해주는 일 역시 중요하다는 사실을 배우는 계기가 되었다.

전국 최초로 정의로운 전환 Just Transition 개념을 도입하다

/

충남 도의원을 하면서 가장 기억에 남는 일이 있다. 전국 최초로 정의로운 전환 기금조례와 기본조례를 만든 것이다. 정의로운 전환은 탄소중립 사회로 이행하는 과정에서 직·간접적 피해를 입을 수 있는 지역이나 산업의 노동자, 농민, 중소상공인을 보호하자는 취지의 개념이다.

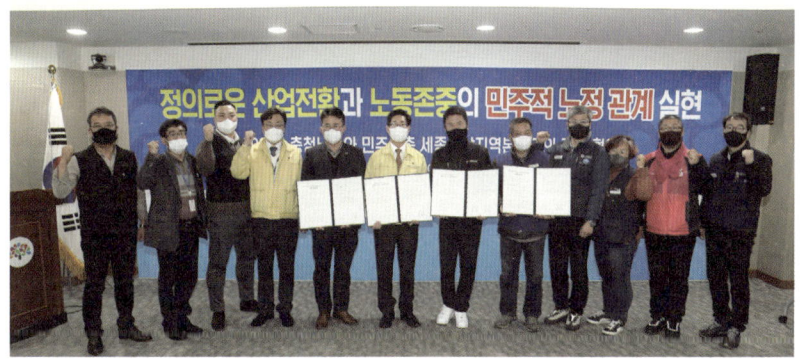

탄소 중립화는 이산화탄소 배출을 줄여 지구 온난화를 막는 일이다. 예컨대 석탄을 사용하는 화력발전소대신 태양력 발전을 통

해 전기를 얻는 방식으로 에너지 정책을 바꾸는 게 바로 탄소 중립화다.

그런데 이 같은 정책이 누군가에게는 악몽이 된다. 예컨대 화력발전소가 폐쇄되면 그곳에서 수십 년 근무하던 분들은 갑작스럽게 갈 곳을 잃는다. 적절한 지원이 이뤄지지 않으면 일자리 상실에 따른 분노가 집단 저항으로 발전하면서 탄소 중립화 정책의 시행은 어려울 수밖에 없다.

이분들에게 적절한 보상과 지원이 필요하다는 개념이 바로 정의로운 전환이다. 그들의 희생은 개인이 아닌 공공의 문제이며 따라서 국가와 정부가 적극적으로 개입할 필요성이 인정된다. 그 필요성이 오래전부터 국제적으로 받아들여졌고 이를 개념화한 게 정의로운 전환Just Transition이다.

이 문제가 처음으로 심각하게 대두되기 시작한 곳이 바로 충남이었다. 2021년 1월을 기점으로 충남 보령 화력발전소를 조기에 폐쇄하기로 한 탓이다. 발전소가 폐쇄되면서 일하던 정규직 노동자뿐 아니라 석탄을 운송하는 비정규직이나 하청업체 직원까지 일자리를 잃고 생계에 위협을 받게 된다. 아울러 공장인근 지역경제 역시 공장폐쇄에 따른 타격이 불가피하다.

따라서 정의로운 전환이란 개념 도입이 시급했다. 그 분들에 대한 지원을 위한 법적 근거가 필요하기 때문이다. 그러나 국내 정치권 어디에서도 이에 대한 관심이 없었다. 마냥 국회에서 혹은 산업자원부에서 문제 해결에 나서기를 기다릴 수 없었다.

급한 마음에 전국에서 처음으로 〈충청남도 정의로운 전환 기금 조례〉를 만들어 보령화력발전소 폐쇄에 따른 대책을 마련할 자금마련 근거를 확보했다. 이후 발전소와 충청남도가 함께 돈을 출연해 정의로운 기금을 조성했고, 새로운 직장을 얻어야 되는 노동자들에 대한 직업 교육 등에 지원을 할 수 있도록 했다.

그러면서 전국적으로 정의로운 전환에 대한 관심이 높아졌다. 국회는 탄소중립법을 개정해 정의로운 전환을 하나의 법적 개념으로 삽입했다. 정의로운 전환이 한국 사회에서 공식적인 등록증을 발부받은 셈이다.

이를 근거로 국가와 지방정부는 탄소중립 사회로의 이행 과정에서 급격한 일자리 감소, 지역 경제 침체, 산업구조의 변화에 따라 고용환경이 크게 변화되었거나 변화될 것으로 예상되는 지역에 대한 정의로운 전환 특별지구 지정, 녹색산업 분야로의 사업전환, 정의로운 전환 지원센터를 설립·운영할 수 있게 됐다.

충청남도는 이에 따라 보령화력 1·2호기에 근무 중인 326명의 노동자에 대해 폐지 설비 운영, 도내 타 발전소 이동 등 재배치를 통해 고용을 유지할 수 있도록 지원했다. 아울러 2년 앞당긴 폐쇄로 인한 지역자원시설세 등 보령시 세수 감소분 17억 원에 대해선 도가 특별회계 지원 사업 예산을 편성해 보전키로 했다.

아울러 보령을 비롯한 탈석탄 지역에 국가 공모사업을 집중 유치해 지역 산업의 체질을 바꿔, 지역경제 침체 우려를 덜기로 했다. 이 중 보령에서 추진될 친환경 자동차 튜닝산업 생태계 조성 사업에는 2025년까지 270억 원이 투입된다.

사실 발전소 폐쇄에 대한 지원이 시급한 나머지 법적 순서를 거꾸로 밟았다. 원래 조례를 만들기 위해선 근거가 되는 국가법이 있어야 한다. 이를 바탕으로 지방 정부는 기본 조례를 만들고 이후 기금 조례를 제정해야 한다. 그런데 너무 급한 나머지 정의로운 전환의 경우 〈충청남도 정의로운 전환기금 조례〉가 가장 먼저 만들어지고 이후 국가법인 탄소 중립법에 해당 개념이 삽입됐다.

아울러 기금 조성의 근거가 되는 기본 조례는 그 뒤에 만들어졌다. 도의원 재선을 하게 되면서 충남에 있는 에너지 관련 시민사회와 함께 2년간 10번이 넘는 토론을 통해 〈충청남도 정의로운 전환 기본조례〉를 제정했다. 조례에는 전환 과정에 있는 지역이나 노동자를 지원할 수 있는 체계를 마련하고 이 전환이 무엇보다도 누구 한 사람에게도 소외되거나 피해가 되면 안 된다는 점을 규정했다.

아산에 위치해 있는 자동차 부품기업역시 전기자동차가 주류가 되면서 자동차 엔진 등 내연기관과 관련된 부품을 만들던 회사의 매출이 줄거나 심한 경우 문을 닫는 경우도 생겨나고 있다. 역시 정의로운 전환이란 개념 적용을 통해 일자리를 잃는 분들에 대한 지원 필요성이 증가하고 있다.

앞으로 아산을 책임지고 나가야 할 단체장은 이 같은 분야에서 근무하는 노동자의 삶을 보호하기 위해 탄소 중립 특별 지역이나 정의로운 전환 시범 지역으로 지정을 받기 위한 노력을 게을리 해서는 안 된다. 나 역시 아산 시민이자 전국 최초로 정의로운 전환이란 개념을 법적으로 도입한 정치인으로서 최선의 노력을 다할 생각이다.

최초로 고령 경비원 고용 유지를 위한
지원 조례 제정하다

/

2015년 전국 최초로 고령의 경비원 고용 유지를 위해 월급을 보조해주는 조례를 제정했다. 언뜻 보면 국가가 아파트 경비원의 월급을 지원해주는 게 이상해보일 수도 있다. 그러나 당시 정황을 보면 충분히 이해가 가는 데, 경비 노동자들의 급여가 최저임금 80퍼센트에서 100퍼센트로 올라가는 특수한 상황이었다.

따라서 80만 원 주고 5명을 쓰던 아파트는 인건비가 100만원 증가하는 부담이 발생했다. 인건비 상승은 곧 관리비 인상으로 직결되기에 주민들도 반기지 않는다. 따라서 100만 원을 주고 4명만 고용하고, 한 명을 해고하는 상황이 발생할 가능성이 높았다. 그럴 경우 경비원 월급 총액은 400만원으로 변화가 없기 때문이다. 대신 한 명의 노동자가 일자리를 잃게 된다.

경비 업무에 종사하는 분들은 대체적으로 65세 이상의 어르신이다. 그 가운데 가장 나이 많은 분이 일자리를 잃을 수밖에 없는 상황이었다. 이에 대한 해결을 고민하기 시작했다. 사실 그분들은 적은 임금에도 불구하고 우리에게 꼭 필요한 일을 해주는 분들이다. 당연히 받아야 최저임금을 받는 변화 때문에 누군가 일자리를 잃어야 한다는 사실은 상당한 모순이기도 했다.

따라서 아파트에 대한 지원책을 생각해봤다. 주민들에게 필요한 공공서비스를 제공하는 한편 경비원의 고용 유지를 해주는 상생의 길을 찾아보고자 했다. 그러나 쉽지 않았다. 아파트는 사유시설이기 때문에 공적 지원이 어려운 구조였다.

따라서 지원에 대한 근거 마련을 위한 조례가 필요했다. 그래서 아파트 경비 노동자나 청소하시는 분들을 지원할 수 있는 조례를 한번 만들기로 했다. 당연히 처음 만드는 조례라서 관련 자료가 없었다.

특히 당시는 통합 관제 시스템을 바탕으로 한 무인 경비가 늘어나는 추세였다. 경비 노동자의 일자리 감소에 대한 위기감이 커져가는 한편 시간이 흐를수록 일자리도 감소할 수밖에 없는 상황이었다. 이 같은 시대의 흐름을 거스를 수는 없다. 어떻게 반영해야 할지가 고민이었다. 고민이 깊어갈수록 지원 조례에 대한 회의적인 시각도 많아졌다.

고심 끝에 나는 일자리를 만드는 일도 힘들고, 첨단화에 따른 일자리 감소 추세를 막을 수는 없지만 최소한 늦춰보자는 취지에서 조례를 제정하기로 했다. 당장 쫓겨나야 할 어르신 경비원들의 해고 시점을 조금 더 늦춰보자는 생각이 들었다.

이에 따라 아파트가 경비원의 고용을 유지할 경우 3년간 경비원 월급의 30퍼센트를 지원하는 〈아산시 아파트 경비원 고용유지 및 창출 촉진을 위한 특별지원 조례〉를 만들었다. 급여수준이 최저임금의 80퍼센트에서 100퍼센트로 상승하는 데 따른 추가분을 지방 정부가 지원할 수 있는 근거를 마련한 것이다.

이후 조례 제정의 취지에 호응하는 아파트들이 생겨났다. 예컨대 배방자이1차아파트(30개동 1875세대) 입주민들은 경비원 19명 전원을 그대로 유지하고 최저임금을 적용하는 데 동의 했다. 그걸 보는 순간 왠지 모를 울컥한 마음이 가슴에 차올랐다. 대개의 경비원들은 내 아버지뻘 나이다. 어린 나이에 돌아가신 아버지에게 뒤 늦은 효도를 하는 기분도 들었다.

전국적으로 관심을 끌었던 경비원 지원 조례는 이후 여러 지역에서 유사한 조례를 제정하는 결과를 만들었다.

경비 노동자 지원 조례를 만들면서 내가 정말 가슴 뿌듯했던 점은 많은 사람들에게 아파트 경비원은 존중받아야 하며 함께 살아가는 일원으로서 인정을 해야 된다는 인식을 확산시켰다는 점이다. 당시 경비원에게 갑질 하는 주민들의 볼썽사나운 태도가 종종 언론에 보도되는 시점이었다. 이렇듯 열악한 상황에서 일하는 그들을 지원하는 조례에 대해 정치인이 관심을 갖고 있고 또 많은 주민이 호응하며 그들과 따뜻하게 손을 잡는 생활 공동체를 만들어간다는 느낌을 경비원 분들이 가질 수밖에 없었다.

공동 주택의 일에 대해 사적 계약 관계로만 인식할 것이 아니라 여러 사람들이 함께 살아가는 공동체로 인식하고 함께 관심을 갖고 참여하면 개선될 수 있는 사례로서 의미가 있었던 셈이다.

지금도 충남 노동권익센터 그리고 경비원 노동조합과 함께 요즘 문제가 되고 있는 2년 단위 정상적인 계약이 아닌 3개월짜리 초단기 계약 같은 문제를 해소하고자 노력하고 있다.

'더 행복한 주택' 사업의 행복한 마무리

/

양승조 도지사 당선자 시절 나는 인수위 준비위원으로 활동했다. 당시 내가 제안했던 사업 가운데 하나가 가족 4명이 충분히 살 수 있는 큰 임대주택을 만들어 보자는 것이었다.

사실 기존 LH 등이 건축한 임대주택은 4인 가족이 거주하기에 규모가 작았다. 신혼 부부 두 명 정도는 살만하더라도 아이가 생기고 또 자라면 집은 좁게 느껴질 수밖에 없다. 저출산 문제를 해결하는 일은 국가적 과제다. 그런데 신혼부부 등이 거주하는 임대주택 규모는 작다. 결국 아이 낳지 말고 살라는 뜻밖에 안 된다. 아이를 낳고 싶으면 일반 주택으로 이사 가야 하기 때문이다.

저출산 대책이기도 한 규모가 있는 임대 주택은 '더 행복한 주택'으로 명명 되었다. 기존의 행복주택보다 조금 더 행복한 주택을 만들자는 취지에서였다. 아울러 임대료는 자녀를 출산하면 줄어드는 방식을 택했다.

이렇게 LH가 아닌 지방 정부가 직접 나서 개발하고 시행하는 임대주택 사업이 시작됐다. 실질적인 건축 시행은 충남개발공사가 맡았다.

당시 충남의 공무원들은 임대주택 사업에 직접 나서는 걸 꺼려 했다. 건축 과정에 여러 가지 문제가 생길 수도 있고 관리는 더더욱 공무원들이 해야 할 영역으로 생각하지 않았기 때문이다. LH가 의당 해야 될 일로 생각했다. 하지만 새로운 모델을 만들기 위해 도가 직접 나설 필요가 있었다.

첫 시작을 청년 비율이 가장 높은 아산에서 하기로 했다. 나는 즉시 착공이 가능한 아산 월천지구를 추천했고, 이에 따라 그곳에 충남 최초의 지방정부가 직접 시행하는 임대 주택이 시작됐다.

이미 조성된 택지에 전체 물량의 반이 넘는 600세대의 행복주택을 짓기로 하고, 3년 동안의 설계와 시공을 통해 2022년 6월에 입주할 수 있었다.

　더 행복한 주택은 20평이나 24평 규모의 주택을 보증금 5천만 원에 월 15만 원 정도에 이용할 수 있다. 거기에 아이를 하나 낳으면 15만 원의 이용료가 반으로 줄고, 둘을 낳으면 공짜가 되는 그야말로 출산을 장려하는 프로그램까지 들어간 임대 주택이다.

　시공 당시에 재미있는 일도 있었다. 더 행복한 주택이 지어지던 때는 월천지구가 한참 개발되던 시기였다. 따라서 주변에 인부들이 이용할 수 있는 한식 뷔페가 많이 있었다. 600세대 아파트 공사 현장이 새롭게 생기니 이들 식당은 손님이 늘어날 것이란 기대를 하고 있었다.

　그런데 시공사였던 한신공영은 공사장 내 식당인 흔히 이야기하는 함바 식당을 열려고 계획했다. 만일 함바집이 문을 열면 인근 한식 뷔페들은 닭 쫓던 개 신세가 될 수 있었다.

　지역 주민들의 요구를 받고 나는 시공사였던 한신공영 설득에 나섰다. 600세대 돼 사실은 함바집을 운영하는 게 회사에 이익이지만 주변 식당과의 상생을 위해 하지 않는 게 어떠냐는 제안을 했다. 건설사는 점심에 술을 파는 곳에서의 식사가 매우 위험한 상황을 만들 수 있기 때문에 함바 식당을 할 수밖에 없다고 이야기했다. 함바 식당의 경우 술 판매를 금지할 수 있기 때문이다.

　그래서 시공사와 충남개발공사 그리고 인근 식당 여섯 분을 모신 뒤 회의를 했다. 머리를 맞대고 이야기하면 좋은 결과가 만들어 질 수 있겠다는 판단 때문이었다. 회의에서 건설사측 애로를 접한 식당 주인들은 안전사고 위험을 막기 위해 점심에는 절대 술을 팔지 않겠다는 약속을 했다. 아울러 개발공사와 시공사에서는 일한 다음 달 15일 정도에 결제를 모두 하는 것으로 약속했다. 회의를 통해 인근 식당들에서 불만으로 제기한 결제 문제도 해결할 수 있었다.

함바 식당 없는 상태로 운영되었던 더 행복한 주택은 우려됐던 음주로 인한 사고가 다행히 일어나지 않았다.

요즘도 더 행복한 주택에 입주한 주민들과 간담회도 하고 부족한 것들을 채우는 노력도 하고 있다. 그러면서 주민들과 함께 금연 아파트를 만드는 걸 추진하기도 했다. 아울러 안전을 위해 더 많은 CCTV를 설치해 달라는 요구가 있어서 이를 담당 부서와 협의해 추진하고 있다.

안전 투자에 올인하다

/

　아산과 같이 성장하는 도시에는 새롭게 유입되는 인구가 많다. 그 분들이 정착을 꿈꾸며 가장 유심히 보는 사안 가운데 하나가 안전이다. 아이를 키우기에 안전한지가 새롭게 아산에 오는 젊은 층의 주요 관심사다. 반면 빠르게 성장하는 도시의 지방정부는 도로 등 보다 시급한 문제에 집중하면서 안전에 관한 관심은 후순위로 밀려나기 쉽다. 당장 큰 사고가 나지 않은 이상 안전에 대한 투자에 인색하다.

　따라서 소 잃고 외양간 고치는 격의 투자가 자주 발생하는 곳이 안전이다. 사람이 크게 다치거나 사망사고가 발생해야 부랴부랴 대책을 세우는 경우를 자주 목격한다. 문제가 생기기 전에 미리 미리 준비하는 행정이 필요하다.

　이 같은 주장을 시의원 시절 자주 했지만 사실 집행 권한이 없어 답답한 경우가 많았다. 지방 정부에서 도의원, 시의원은 행정부가 세운 계획을 심의하는 한편 제대로 사용했는지 감시하는 역할을 한다. 실상 구체적 계획을 세우고 집행하는 건 행정부의 몫이다. 따라서 아무리 의원이 안전을 강조하고 예산 확보를 요구해도 행정부가 한 귀로 흘려버리면 어쩔 도리가 없다.

그러나 도의원이 되고 나서 사정이 조금 바뀌었다. 도의원에게는 자율적으로 제안할수있는 예산이 배정되어 있었다. 물론 집행의 실무는 행정부에서 담당하지만 '어디에 써 주세요'라고 이야기하면 그곳에 사용해야 한다.

내게 배정된 이 같은 예산은 전액 보다 안전한 아산을 만드는 데 사용했다. 가장 많이 한 일이 교차로를 밝히는 사업이었다. 처음 도의원이 됐던 2019년 보행이 많은 사거리는 어두웠다. 밤이면 교통사고의 위험이 높았다. 따라서 도의원이 된 이후 내가 쓸 수 있는 예산 대부분을 도로 사거리에 가로등을 설치하는 데 이용했다.

아울러 로고젝터의 도입을 적극 추진했다. 로고젝터는 전봇대 또는 가로등 등에 문구나 그림이 그려진 유리렌즈를 설치해 바닥이나 벽에 빛을 투사, 특정 로고나 문구를 투영해 주는 장치다. 처음 도의원이 됐을 당시 아산에는 이 로고젝터가 거의 없었다. 그런데 도의원 자격으로 충남 다른 도시를 방문했을 때 자주 목격이 됐다.

가로등과 달리 살아있는 빛으로 도시를 밝혀줌으로써 미관상 상당히 예뻤다. 하나의 예술작품 같다는 생각이 들었다. 아울러 다양한 메시지를 그 안에 담을 수 있다. 예컨대 금연 로고젝터를 설치하면 거리도 밝혀줄 뿐만 아니라 '당신의 금연을 응원합니다', '당신의 금연이 이웃을 웃게 합니다'와 같은 문구를 바닥에 표시함으로써 금연에 대한 경각심도 높이는 일거양득의 효과가 있다.

그걸 보고 로고젝터 설치가 아산에 꼭 필요한 사업이라는 생각이 들었다. 로고젝터 설치의 경우 개인에게 배당 된 예산으로는 충분하지 않아 충남도 사업으로 진행하기도 했다. 이후 밝고 예뻐진 도시 모습에 기분이 흐뭇했고, 특히나 그 밑에서 서서 로고젝터가 보여주는 문구를 읽는 주민들을 볼 때마다 하길 참 잘했다는 생각이 든다.

아울러 CCTV를 개선하는 사업에도 의원에게 배당된 예산을 투자 했다. 예컨대 장재리 같은 곳은 설계되던 당시 40만 화소 정도의 낮은 화질의 CCTV 설치가 계획되었다. 화질이 좋지 않아 향후 사고가 발생했을 경우 큰 도움이 되지 못하는 상황이었다. 사고가 난 뒤 좋은 걸로 바꿔봤자 소 잃고 외양간 고치는 일 밖에 되지 않았다. 더 높은 화소의 카메라를 설치하는 데 내게 배정된 예산을 사용했다. 이외에도 반드시 CCTV가 필요하지만 없는 곳에 의원 배당 예산을 사용해서라도 설치하곤 했다.

반도체 산업의 적극적 추진

아산의 대표적 산업은 디스플레이와 자동차 부품 그리고 바이오다. 디스플레이의 경우 삼성 디스플레이 본사가 아산에 위치해 있는 한편 주력 공장이 소재하고 있다. 특히 2023년 아산은 디스플레이관련 국가 첨단전략산업 특화 단지에 선정되기도 했다. OLED 초격차 확보, 무기발광 디스플레이 생태계 조성 등을 위해 2026년까지 17조 2000억 원이 투자될 예정인데, 정부는 인허가 신속처리 용적률 완화 등을 지원할 계획이다.

자동차 역시 현대 자동차가 있어 관련 부품 산업이 아산에서 발달했다. 이런 맥락에서 현대와 삼성이라는 대한민국의 가장 큰 대기업 두 곳이 위치한 도시가 바로 아산이다.

아울러 아산시는 천안아산역 R&D 집적지구 인근 지역을 바이오헬스 허브로 발전시키고 있다. 특히 국내 유일의 종합 시험인증 서비스 제공 기관인 한국산업기술시험원(KTL)의 '바이오·의료 종합지원센터'가 들어서면서 사실상 바이오산업의 중심으로 부상하고 있다.

바이오·의료 종합지원센터는 성능·사용적합성·유효성 평가 장비 등을 구비한 연면적 2천 평 규모다. 센터는 바이오헬스기업을 대상으로 연구개발, 인증, 제품화, 양산화 등을 지원하는 종합지원 인프라 역할을 할 수 있다.

여기에 더해 충남의 네 번째 주력 분야로 반도체 산업 육성 필요성을 느꼈다. 배방읍에는 반도체 후공정인 패키징이 진행되는 공장이 있다. 세워진지 20년이 넘었다. 과거에는 공장 한 라인에 30명 정도가 줄지어 서서 수도권에서 생산된 웨이퍼를 자르고 포장하는 패키징 작업을 했다.

그러나 현장에 가보면 이제 사람이 거의 보이지 않는다. 오직 공정을 체크하고 점검하는 인원만 있을 뿐 나머지 과정은 전부 자동화됐다. 반도체 후공정인 패키징은 미래도 유망하고, 또 생산 유발 효과도 높다. 나아가 반도체 산업 자체가 향후 가장 유망한 분야기도 하다. 특히 웨이퍼를 직접 생산하는 전공정보다는 이를 가공해 여러 용도로 만드는 후공정의 중요함이 커지고 있다.

사실 이 같은 반도체 산업이 아직 충남이나 아산의 주력은 아니다. 내가 깊은 관심을 갖기 전까지 충남에는 반도체 관련 연구보고서 하나 없었다. 그럼에도 불구하고 반도체를 충남의 4번째 주력산업으로 키울 필요가 있다는 생각이 들었다.

이를 위해 우선 기본 연구부터 시작했다. 반도체 산업을 4번째 주력업종으로 키우기 위해선 어떤 지원체계가 필요한지에 관한 기본연구가 필요하기 때문이다. 이 과정을 통해 충남이 반도체 후공정을 주도할 수 있는 여건을 만들어 가고 있다.

이와 관련 기업의 주요 요청 사항은 실제 일할 수 있는 인력 수급이다. 그런데 현재 반도체 관련 전공이 수도권 대학이나 카이스트 포스텍 등에 한정되어 있다. 충남에 있는 대학도 반도체 산업 인력을 양성하는 중점 대학으로 지정될 필요가 있다. 앞으로 적극적으로 관심을 갖고 활동해야 할 분야다. 자동차 부품과 디스플레이를 넘어서 성장가능성이 큰 반도체 패키징 산업을 우리 아산의 또 다른 먹거리로 만들 필요가 있다.

공직 사회 문화를 바꾸는 갑질예방조례

/

공직사회의 변화를 위해 〈충남 갑질 예방 조례〉와 〈적극 행정 지원 조례〉를 만들었다. 갑질이 사회적 문제가 대두된 지 오래다. 실제 공직 사회에도 갑질이 만연하다. 공직자가 시민들에게 갑질 하는 경우도 있고, 시민이 공무원에게 갑질하는 때도 있고 공직자 내의 갑질 또한 존재한다.

우리가 함께 고민해야 할 부분은 당연히 이 같은 모든 차원에 서의 과도한 의사 표현과 자기주장을 막기 위한 갑질 조례다. 아 울러 갑질을 당한 피해자에 대한 지원도 필요하고 아울러 갑질을 했을 경우에 구체적 인사 조치에 대한 근거 마련이 필요하다. 이 같은 내용을 담고 있는 게 갑질 조례다. 이 같은 갑질 조례는 갑질 을 방지하기 위해 만들어진 산업안전보건법에 나오는 관련된 조 항들을 참고했다. 사회 운동으로서 더불어 인식 제고 차원에서라 도 갑질 조례가 제 역할을 하고 있는 중이다.

또 하나는 적극 행정 조례다. 모든 공무원들이 일을 할 때 감사 가 두려워 나서지 못하는 경우가 많다. 열심히 일한 공무원이 오히려 피해를 본다는 생각도 강하다. 앞서 본 바와 같이 접시를 얼마나 많이 닦았는지가 아닌 깬 숫자로 인사 평가가 이뤄지는 측면이 있기 때문이다.

따라서 적극 행정에 대한 면책 제도가 필요하다고 생각했다. 열심히 일하는 공무원들이 오히려 피해를 보거나 행정감사를 받는 일이 없도록 적극 행정을 할 경우에 사전에 신고를 하면 면책을 받을 수 있는 제도가 마련됐다. 적극 행정을 통해 제도를 개선하거나 문제 발생을 예방한 공무원에게는 포상하고 지원하는 제도까지 조례안에 포함되어 있다.

잘못을 찾아내 비판하고 책임을 묻는 일도 건강한 공무원 조직을 위해 필요하고 또 중요하다. 그러나 이보다 더 중요한 일은 열심히 주도적으로 일한 분들에 대한 포상이다. 처벌보다는 칭찬이 분명 더 상책이란 생각 하에 적극 행정 조례를 만들었다.

일하는 방식과 태도를 변화시켜서 공무원들이 우리 사회 구성원으로서 그리고 가장 잘 훈련된 일꾼으로서 우리 지방정부를 주도적으로 이끌어 나가도록 해야 할 필요가 있다. 만일 아산시를 책임지는 위치가 된다면 이렇듯 적극행정조례를 근거로 보다 더 열정적으로 일하는 아산시 공무원 조직을 만들고 싶다.

부록

충남 경제, 아산 경제

충남의 반도체 산업 강화를 위한 제언
__ 충청투데이 2023년 3월 26일자

　반도체는 AI, 첨단로봇, IoT의 필수 품목이며, 국가안보 및 기술패권 확보를 위한 중요한 국가자산이다. 우리나라의 반도체 산업에서 반도체 칩을 생산하는 전(前)공정은 대부분 경기에 입지해 있다. 충남은 삼성전자 온양사업장 등 후(後)공정 산업이 입지하고 있다. 특히 반도체 산업 업종은 천안·아산 지역을 중심으로 집중 분포돼 있다. 2021년 기준 충남지역 1225개 업체 중 천안·아산 지역에 위치한 업계는 1175개로 전체의 96퍼센트다. 이는 아산에 반도체·디스플레이 대기업이 입지해, 관련 기업도 집적하기 때문이다. 하지만 사업체 대부분이 대기업의 하청으로 운영돼 안정적인 산업기반을 조성할 필요가 있다.

　정부와 다른 지자체들은 반도체 산업이 미래먹거리임을 인지하고 이를 집중 육성하기 위한 정책을 펼치고 있다. 인천의 경우 2022년 7월 '반도체 패키징의 메카 조성'을 위해 수평적 생태계 구축, 뿌리기술 확보 등을 지원하고 있다. 충북은 지난해 10월 '충북 반도체 산업 육성 전략'을 발표했다. 전략은 오는 2031년까지 1조원 규모의 투자를 통해 관련 고용 2만 5000명, 생산액 40조원,

수출 200억불 달성이라는 구체적 목표를 제시하고 있다.

반면 충남은 이미 반도체 후공정 산업을 이끌고 있음에도 불구하고, 체계적인 로드맵은 마련돼있지 않다. 이에 충남에 몇 가지를 제안하고자 한다. 우선 반도체 특화단지를 구성해야 한다. 천안·아산의 '소·부·장 특구' 조기 추진이 시급하다. 특구 지정으로 충남 경제를 살리고 관련 기업 경쟁력 확보에 도움이 될 수 있도록 해야한다. 둘째, 후공정 생태계 활성화를 위한 인력양성 전략을 수립해야 한다. 충남은 우수인재를 육성해도 인재들이 수도권으로 떠나간다. 이러한 일을 방지하기 위해 입학 직후부터 지역거점 기관과의 채용 연계 시스템을 구축해 지역 인재를 채용하는 등 인재 유출을 방지해야 한다.

셋째, 반도체 산업의 지속적인 발전을 위한 모니터링과 안정적 기반 조성을 위한 선제적 대응이 필요하다. 특히, 충남의 중견·

중소 반도체 기업들은 대부분 전통 패키징 산업이 중심으로 대만·미국에 경쟁력이 없는 것이 현실이다. 이러한 상황에서 충남형 기술을 선택하고 집중해 충남 기업들이 세계적인 패키징 기업으로 도약할 수 있는 연구지원을 할 수 있어야 한다. 마지막으로, 우리가 집중해서 육성할 산업을 선별하고 구체적인 목표를 제시하며 이를 달성하기 위한 체계적인 로드맵을 수립해야 한다.

2030세대 '빚투'와 '영끌' 무엇이 문제인가
___ 충청투데이 2022년 8월 3일자

지난 2020년 1월, 전 세계를 뒤덮은 코로나19로 세계경제가 혼란에 빠졌다. 최근에는 물가가 크게 오르며 우리 삶을 더욱 힘들게 하고 있다. 이러한 상황에서 우리는 '오르지 않는 것은 쥐꼬리만한 나의 월급과 자녀의 성적'이라며 우스갯소리로 현실을 풍자하고 있다. 한편, 어릴 적부터 체계적으로 경제 교육을 받아온 2030세대는 이러한 위기를 기회로 활용해 투자를 통해 불확실한 미래에 대한 대비책을 만들었다. 그러나 자본 증식 과정에 본인이 감당하기 어려울 정도로 레버리지가 이뤄져 '영끌', '빚투' 등의 신조어까지 생기고 심각한 사회 문제로 대두되고 있다.

금융감독원이 국회에 제출한 자료를 분석한 결과 2018년 기준 40세 미만 청년층의 주식 계좌수는 32.4퍼센트에 불과했지만 2020년에는 신규 증권 계좌 1818만개 가운데 59퍼센트에 달하는 1074만개로 나타났다. 부동산의 경우 2020년 1분기부터 2021년 2분기까지 전체 신규 주택담보대출의 46.9퍼센트가 만 40세 미만 청년층에서 발생한 것으로 나타났다. 이처럼 청년들의 투자 증가는 자산 상승 국면에서 남들 다하는 투자를 하지 않으면 뒤쳐진다는 불안감과 함께 부동산 가격의 급등으로 기본 월급으로는 내집 마련 조차 어렵기 때문이 아닐까 싶다. 하지만 2030세대가 빚을 내서라도 자본 증식에 동참하는 과정에서 무리한 금융 레버리지로 불법 금융에 노출되는 등 부작용이 만연한 현 상황이 옳은 것인지, 정부가 해야 할 일은 무엇인지 고민해 볼 필요가 있다.

윤석열 정부는 개인투자자를 보호하고 자본시장 정상화를 위한 정책을 약속한 바 있다. 그러나 윤석열 대통령은 지난 6월 20일 심상치 않은 경제 상황에 대해 "근본적인 대처 방도는 없다"며 무책임한 자세를 보였고 아직까지 자본시장과 관련한 공약이 이행된 것은 전무하다고 봐도 무방할 것이다. 경제위기 우려가 심각해지는 상황에서 이달 13일 한국은행은 기준금리를 1.75퍼센트에서 0.5퍼센트p(빅스텝) 인상했다. 이는 고물가 상황의 고착을 막기 위한 선제적 정책 대응으로, 기준금리가 미국보다 낮을 경우 원화가치가 하락해 국내 물가 급등세를 더욱 부추길 수 있는 상황에서 불가피했을 것이다. 그러나 금리인상의 충격은 직장인들과 코로나로 고통받고 빚으로 버티는 자영업자, 2030세대에게 엄청난 부담으로 다가오는 것 또한 분명하다.

일부에서는 개인의 투자 손실은 개인의 선택인 만큼 스스로 감내해야 할 부분이라고 하지만 대한민국을 책임질 중추들에게 큰 부담인 만큼 자본시장 정상화를 위한 공약 이행, 취약계층에 대한 보호 등 다방면의 정책이 이뤄질 필요가 있다. 또 적당한 투자는 불확실한 미래에 대한 보답으로 되돌아와 삶의 새로운 활력소가 되지만 무리한 투자로 인한 실패는 불확실한 미래에 대한 또 다른 부담으로 부메랑이 되어 돌아온다는 점을 명심해야 할 것이다.

탄소중립에 따른 정의로운 전환, 이제는 노동전환 지원이다!
— 충청투데이 2022년 2월 28일자

한국은 과거 일제강점기와 한국전쟁을 통해 막대한 인명피해와 경제적 손실로 인해 최빈국 국가였다. 그러나 급격한 산업화를 통해 현재 선진국 반열에 올랐다. 국제원조 없이는 생존할 수 없었던 가장 가난했던 한국이 국제원조를 지원하는 국가로 발돋움한 것이다.

당장 먹고살기도 힘든 상황에서 불도저처럼 경제성장 한길만을 달려왔기에 가능한 결과였는지도 모르겠다. 이 과정에서 환경이나 기후변화를 뒤돌아볼 여유는 없었다.

시간이 흐르며 그동안 무시했던 기후변화로부터 직·간접적인 피해를 받게 됐다.

정부는 이를 극복하고자 탄소중립, 지속 가능한 경제로의 전환 등 다양한 정책을 펼치고 있다. 실제로 2050 탄소중립을 실현하겠다는 목표 아래 기후 위기 극복정책 중 하나로 노후 석탄화력발전소 폐쇄를 결정했다.

이에 따라 36년 이상 충남과 수도권 등지에 전력을 공급해오던 보령 화력발전소 1·2호기가 2020년 12월 30일 폐쇄됐다.

그 결과 화력발전소가 폐쇄된 보령의 경우 인구 10만 명이 무너져 버렸다. 이는 가뜩이나 코로나19로 인한 위축된 지역 상권에 기름을 부은 꼴이 됐다.

한국노총 전국공공산업노동조합연맹(공공노련)에 따르면, 현재 전국 화력발전소에 일하는 인원은 총 2만 2천여 명이다. 이중 적어도 절반에 가까운 1만여 명은 일자리를 잃게 될 것이라는 분석을 할 만큼 그 심각성은 매우 크다.

또 현대차 공장이 위치한 울산시 경우 2030년 기준 전기차 생산 비중이 45퍼센트를 넘어가게 되면 전체 고용인원의 30퍼센트가 직업을 잃는 것으로 조사됐다.

기후 위기 대응을 위해 각종 환경오염을 일으키는 노후 석탄화력발전소 폐쇄나 전기차 보급·확대를 당연하게 여길 수도 있다. 그러나 이로 인해 업체 노동자들이 일자리를 잃게 되고, 실업률로 인한 지역경제 파급효과를 생각한다면 더욱 신중하게 접근해야 할 필요가 있다.

현재 충남지역 석탄화력발전소는 전국 59기 중 절반인 29기가 자리 잡고 있고, 현대차 아산공장도 존재한다. 발전소나 공장의 폐쇄로 하루아침에 실직자가 될 경우 도민들의 피해는 실로 어마어마한 규모일 것이다.

충남은 2021년 전국 최초로 '정의로운 전환 기금 설치 및 운용에 관한 조례'를 제정한 바 있다. 산업전환에 대비한 노동자 지원책이 절실한 시점이었기 때문이다.

충청투데이
2022년 02월 28일 (월)
오피니언 18면

탄소중립에 따른 정의로운 전환, 이제는 노동전환 지원이다!

안장헌
충남도의회 기획경제위원장

한국은 과거 일제강점기와 한국전쟁을 통해 막대한 인명피해와 경제적 손실로 인해 최빈국 국가였다. 그러나 급격한 산업화를 통해 현재 선진국 반열에 올랐다. 국제원조 없이는 생존할 수 없었던 가장 가난했던 한국이 국제원조를 지원하는 국가로 발돋움한 것이다.

당장 먹고살기도 힘든 상황에서 불도저처럼 경제성장 한길만을 달려왔기에 가능한 결과였는지도 모른다. 이 과정에서 환경이나 기후변화를 뒤돌아볼 여유는 없었다.

시간이 흐르며 그동안 무시했던 기후변화로부터 직·간접적인 피해를 받게 됐다.

정부는 이를 극복하고자 탄소중립, 지속 가능한 경제로의 전환 등 다양한 정책을 펼치고 있다. 실제로 2050 탄소중립을 실현하겠다는 목표 아래 기후 위기 극복정책 중 하나로 노후 석탄화력발전소 폐쇄를 결정했다.

이에 따라 36년 이상 충남과 수도권 등지에 전력을 공급해오던 보령 화력발전소 1·2호기가 2020년 12월 30일 폐쇄됐다.

그 결과 화력발전소가 폐쇄된 보령의 경우 인구 10만 명이 무너져 버렸다. 이는 가뜩이나 코로나19로 인한 위축된 지역 상권에 기름을 부은 꼴이 됐다.

한국노총 전국공공산업노동조합연맹(공공노련)에 따르면, 현재 전국 화력발전소에 임하는 인원은 총 2만 2천여 명이다. 이중 적어도 절반에 가까운 1만여 명은 일자리를 잃게 될 것이라는 분석을 볼 만큼 그 심각성은 매우 크다.

또 현대차 공장이 위치한 울산시 경우 2030년 기준 전기차 생산 비중이 45%를 넘어가게 되면 전체 고용인원의 30%가 직업을 잃을 것으로 조사됐다.

기후 위기 대응을 위해 각종 환경오염을 일으키는 노후 석탄화력발전소 폐쇄나 전기차 보급확대를 당연하게 여길 수도 있다. 그러나 이로 인해 업체 노동자들이 일자리를 잃게 되고, 실업률로 인한 지역경제 파급효과를 생각한다면 더욱 신중하게 접근해야 할 필요가 있다.

현재 충남지역 석탄화력발전소는 전국 59기 중 절반인 29기가 자리 잡고 있고, 현대차 아산공장도 존재한다. 발전소나 공장의 폐쇄로 하루아침에 실직자가 될 경우 도민들의 아픔과 심로 어마어마한 규모일 것이다.

충남은 2021년 전국 최초로 정의롭게 '전환 기금 설치 및 운용에 관한 조례'를 제정한 바 있다. 산업전환에 대비한 노동자 지원책이 절실한 시점이었기 때문이다.

이 조례는 일자리를 잃을 것 같다는 불안으로부터 노동자를 보호하고자 하는 것으로 2025년까지 약 100억 원의 기금을 조성해 관련 사업을 수행해 가는 것이 주요 골자다.

하지만 산업구조 전환에 따른 노동 전환 지원정책은 턱없이 부족하다. 이에 '충남도 산업구조 전환에 따른 노동 전환 및 훈련센터 지원에 관한 조례(가칭)'를 제정해 노동자 지원에 더욱 집중할 계획이다.

조례는 탄소중립과 산업 디지털 전환 등 관련 정책 수립 시 이행과정에서 직·간접적으로 피해를 받을 수 있는 노동자, 기업, 지역에 대한 지원과 체계적인 교육 운영에 대한 지원을 담고 있다.

미리 준비없이 아무런 걱정할 것이 없다. 사후약방문이 아닌 유비무환의 자세로 현재 당진 문제를 받아들이고 신속히 대응한다면 220만 도민 모두가 행복한 미래를 열어갈 수 있지 않을까 생각해본다.

이 조례는 일자리를 잃을 것 같다는 불안으로부터 노동자를 보호하고자 하는 것으로 2025년까지 약 100억 원의 기금을 조성해 관련 사업을 수행해 가는 것이 주요 골자다.

하지만 산업구조 전환에 따른 노동 전환 지원정책은 턱없이 부족하다. 이에 '충남도 산업구조 전환에 따른 노동 전환 및 훈련센터 지원에 관한 조례(가칭)'를 제정해 노동자 지원에 더욱 집중할 계획이다.

조례는 탄소중립과 산업 디지털 전환 등 관련 정책 수립 시 이행과정에서 직·간접적으로 피해를 받을 수 있는 노동자, 기업, 지역에 대한 지원과 체계적인 교육 운영에 대한 지원을 담고 있다.

 미리 준비돼 있으면 걱정할 것이 없다. 사후약방문이 아닌 유비무환의 자세로 현재 닥친 문제를 받아들이고 신속히 대응한다면 220만 도민 모두가 행복한 미래를 열어갈 수 있지 않을까 생각해본다.

충청투데이

2022년 03월 22일 (화)
정치 04면

충남도의회, 산업구조 전환 따른 노동자 보호

충남도의회는 안장헌 의원(아산4·더불어민주당)이 대표 발의한 '충남도 산업구조 전환에 따른 노동 전환 및 훈련센터 지원에 관한 조례안'이 상임위를 통과됐다고 21일 밝혔다.

조례안은 저탄소·디지털 경제로의 대전환 속 산업구조 전환에 따른 노동자 보호에 선제 대응하기 위해 추진됐다.

조례안을 통해 탄소중립 및 디지털 전환에 따라 발생할 수 있는 문제점을 해결하기 위해 노동 전환 지원계획을 수립하도록 하고 노동 전환 지원 및 훈련센터 설치 근거를 마련했다.

안 의원은 "지난달 의정토론회를 진행해 의견을 수렴한 결과 현재 일자리가 기후위기에 따른 산업 전환 과정에서 직접적인 영향을 받을 것이라는 우려가 많았다"며 "정의로운 전환 기금과 노동 전환 및 훈련센터 설치 등 적극적인 대비를 통해 도내 노동자 보호에 이바지할 수 있기를 기대한다"고 말했다.

이번 조례안은 오는 29일 열리는 제335회 임시회 3차 본회의에서 최종 심의·의결될 예정이다.

김지현 기자

112 X 82 mm

휘청이는 지역경제, 지역사랑상품권이 해법이다
___ 충청투데이 2021년 12월 27일자

충남은 단계적 일상회복을 통해 코로나19로 잃어버린 2년을 찾고자 했다. 단계적 일상회복은 구한감우(久旱甘雨)처럼 국민 모두의 기대를 받았다.

그러나 오미크론 변이라는 또 다른 악재가 나타나면서 모두 물거품이 됐다.

한국은행 경제통계시스템에 따르면 코로나 발생 전인 2019년 3분기 충남 도·소매업의 대출금은 약 2조 8000억 원에서 약 3조 5000억 원으로 약 25퍼센트 가량 급증했다. 이는 거리두기의 장기화에 따른 직격탄을 자영업자들이 고스란히 받는 것으로 분석할 수 있다.

한편, 지역경제 활성화를 위해 지역 내에서만 통용가능하도록 발행해 시민 모두에게 혜택을 주는 제도인 '지역사랑상품권'이 새로운 대안으로 떠오르고 있다. 지역사랑상품권은 지역경제 활성화를 위해 지역내에서만 통용할 수 있도록 발행하는 상품권으로, 지역 내 자영업자에게 혜택이 돌아간다.

특히 전국에서 가장 높은 소득의 역외유출을 보이는 충남의 상황에서 지역사랑상품권은 지역경제 활성화에 앞장서는 효자손 역할을 할 수 있다. 2019년 기준 충남의 소득 역외유출 규모는 25조 원으로 전국 1위라는 불명예를 안았다. 수도권과 맞닿은 지리적 여건이나 기업 본사의 지역 부재, 지방은행 부재 등이 작용한 것으로 풀이된다.

올해 11월 30일 기준 충남도는 총 1조 3000억 원의 지역사랑상품권을 발행했고, 1조 1220억 원이 사용된 것으로 파악된다.

이는 우리 도에서 발생한 소득이지만, 타 지역에서 사용될 수도 있었던 1조 원이 도내에서 사용된 것으로 볼 수 있다.

지역사랑상품권은 소상공인에게만 혜택을 주는 것이 아니다. 지역민의 경우 온라인, 지류, 카드 등 다양한 채널에서 10퍼센트 할인된 금액으로 구입할 수 있고, 지난 10월부터 시작한 충남형 배달앱에서도 이를 활용한다면 지역경제 활성화에 마중물 역할을 할 것으로 기대된다.

특히 2022년 지역사랑상품권 발행액은 총 30조원이며, 이를 위해 3조원이 넘는 예산이 투입될 예정이다.

이 말은 곧, 충남의 높은 발행률에 따라 더 많은 예산 확보가 가능하다는 장점도 있다.

코로나19가 다시 활개를 치는 이 시점에서 지역사랑상품권 이용 확대는 지금의 역경을 이겨낼 수 있는 강력한 무기 중 하나다.

근로자복지기금,
함께 사는 충남을 향한 의미있는 첫걸음
___ 충청투데이 2021년 09월 28일자

코로나19는 우리가 위기의 시대에 살고 있다는 사실을 새삼 깨닫게 한다. 지긋지긋한 이번 사태는 분명 머잖아 끝나겠지만 우리에게 많은 과제를 남긴다.

사회적 재난의 대비는 물론 우리가 살고 있는 자본주의 전반을 되돌아볼 시점이다. 소득과 부의 양극화가 얼마나 심각한 것인지, 사회안전망을 잃은 서민들의 삶이 얼마나 황폐해지는지, 힘겨운 오늘 우리의 일상이 증명하고 있지 않은가.

힘든 중에 가뭄 속 단비같은 소식이 있었다. 지난달 말 충남도와 고용노동부, 17개 중소기업 등이 '더 행복한 충남공동근로복지기금' 추진 업무협약을 맺은 것이다. 이 기금은 지난해 노사민정 공동 선언 이후 꾸준히 추진해 온 지역형 공동근로 복지기금 조성 1호 사업이다. 도내 17개 기업이 노동자 1인당 40만원씩 총 1억 5880만원을 출연하고 도에서는 이에 1:1로 출연해 총 3억 1730만원의 기금을 마련했다. 여기에 더해 근로복지공단이 지원금으로 출연금의 100퍼센트를 지원해 총 6억 3529만원이 확정됐다. 이 기금은 앞으로 근로자의 복지 향상에 소중하게 사용될 것이다.

사실 이전에도 대기업와 300인 이상 규모의 중견기업은 자체적인 사내근로복지기금을 운용해왔다. 그러나 자금 부족으로 자체적인 복지정책을 운용하기 어려웠던 중소기업에게는 남의 얘기였다. 결국 근로자의 장기근속률이 낮아지고 이는 안정적인 기업의 성장에 한계로 작용해왔다. 공동근로복지기금은 대기업과 중소기업 간 양극화 현상을 어느 정도 해소하면서도 노동자의 실질소득을 높이고 협력적인 노사관계를 형성할 것으로 기대된다.

세상을 급격히 변화시키는 산업혁명은 그동안 여러차례 있었다. 그 변화를 우리는 슬기롭게 이겨냈다. 이번에는 위기 속에 위기가 찾아왔다. 인공지능을 특징으로 하는 4차 산업혁명이 인간의 일자리를 뺏어갈지도 모른다는 공포 속에 다시 팬데믹이라는 새로운 위기가 닥친 것이다. 이런 상황에서 어려운 처지에 놓인 사람은 더욱 궁지로 몰리기 쉽다. 새롭게 변모한 자본주의 아래 아무런 보호없이 내던져진 우리는 두려움에 떨 수밖에 없다. 하지만 이 순간에도 "국민의 삶을 개인이 책임져야지 왜 국가가 책임지냐"는 누군가의 말은 가슴 한편을 찌른다.

결국 이 새로운 위기들에 어떻게 대응하느냐에 따라 사회적 신뢰가 새롭게 재구성될 것이고 이는 우리의 미래를 좌우할 것이다. 여기서 우리 모두가 함께라는 인식을 갖는 것이야말로 지금 시기에 가장 필요한 일이 아닐까? 차별과 혐오 대신 각자의 가슴 속에 서로를 보호하려는 마음을 품는다면, 맞잡은 손의 온기가 우릴 지켜줄 거라 믿는다.

기획경제위원장을 맡은 후 도내 경제주체들과 수차례 간담회를 이어오고 있다. 그때마다 중소기업 사장님들은 청년층 구인난을 하소연한다. 수도권 대기업 취업을 원하는 젊은이들의 마음을 잡기 어렵다는 말이다. 최선을 다할테니 걱정마시라고 약속을 드리지만 마음 한편이 무거운 것은 어쩔 수 없다. 이번 협약이 마중물이 되어 도 전체 기업들에게까지 확대되길 간절히 소망해본다. 아울러 젊은이들이 원하는 대로 살기 좋은 충남, 복지수도 충남을 만들겠노라고 사장님들께 드린 내 약속도 지킬 수 있기를 바라면서

소상공인의 고통, 우리 모두가 나눠져야 할 때
__ 충청투데이 2020년 12월 30일자

코로나19 사태에 따른 국민들의 고통은 이미 한계점을 향하고 있다. 충남의 경제동향을 살펴보면 무역수지 흑자가 위태롭게 지탱해주고는 있지만 내수는 처참한 수준이다. 12월 기준 소상공인 경기실사지수(BSI)는 93.8, 전통시장 부문지수는 80.9로 기준인 100보다 아래에 머물고 있다. 굳이 수치를 대지 않아도 전통시장을 나가보면 얼어붙은 경기를 바로 느낄 수 있다. 힘들어하는 소상공인을 보면 마음이 무겁기만 하다.

설상가상으로 연말연시를 앞두고 코로나 바이러스는 확산 기미를 보이고 있다. 결국 정부는 1월 3일까지 '5인 이상 사적모임 금지' 조처를 전국적으로 확대하는 내용의 방역 강화 특별대책을 발표했다. 소상공인의 피해가 불보듯 뻔하지만 그렇다고 방역의 고삐를 늦출수도 없는 상황에서 내린 불가피한 결정이다. 이제 남은 것은 철저한 방역으로 사태를 종식시키는 것과 함께 소상공인의 고통을 조금이나마 덜어주는 일이다.

최근 고개를 든 '임대료 멈춤법'은 그 흐름에 있다. 그러나 '착한 임대인'의 선의에만 의지하기엔 사회적 분란의 소지가 있고 지속성을 담보하기 어렵다. 임차인의 손실을 다른 누군가에게 전가하는 것이 아니라 모두가 함께 부담하는 것이 공동체 원리에도 부합한다. 결국 정부가 나서 중재하고 직접 지원에 나서야 할 때다.

외국사례를 보자. 미국이 케어스법에 따라 임대료 연체 때 강제퇴거를 금지한 것은 잘 알려져 있다. 독일, 캐나다, 일본은 정부가 임대료의 최대 90퍼센트까지 직접 지원한다. 기업형 임대사업자가 많은 유럽에서는 단체협약을 맺기도 한다. 임대인·임차인 협회가 '임대료 30퍼센트 인하'를 합의하면 일괄 적용된다. 이를 '사회적 임대료'라 부른다. 보면 방식의 차이는 있어도 공통점이 발견된다. 바로 사회적 고통분담과 정부의 책임강화다. 미국과 유럽은 소상공인 대책이 우리보다 훨씬 선제적이고 두텁다. 정부가 책임 있게 나서고 임대인도 고통을 분담한다. 이렇듯 재난에 따른 '사회적 손실'은 사회적 해법으로 풀어야 한다. 우리도 3차 재난지원금과 시행 중인 고용유지지원금에 더해 임대료 지원도 조속히 시행해야 할 것이다.

코로나 사태의 장기화로 재정지출이 갈수록 커지는 것에 정부가 부담을 갖는 것을 이해 못하는 건 아니다. 정치인으로서 매년 예산심사를 해오고 있기에 그 고충을 누구보다 잘 안다.

하지만 우리나라는 아직 재정여력이 있는 편이다. 또한 국제통화기금(IMF) 보고서를 보면, 우리나라의 코로나 극복을 위한 재정지출 규모는 국내총생산(GDP) 대비 3.5퍼센트로 주요 20개국 중 13위다. 다른 선진국에 비해 아직 많다고 할 수 없다. 무엇보다 지금은 경제의 근간이라 할 소상공인을 벼랑 끝에서 구출해야 할 때다. 그들의 절규를 외면한 채 기계적인 재정건전성 논리를 고집하다간 게도 구럭도 놓치는 우를 범하게 될 수도 있음을 잊지 말아야 한다.

어쩌면 지금 경제위기가 별로 힘들게 느껴지지 않는 분도 계실 것이다. 그러나 우리는 한 배를 타고 있는 공동운명체임을 잊지 말아야 한다. 배의 한쪽이 기울어지면 뒤집어지는 것처럼, 경제의 어느 한 주체라도 외면하고는 길게 가기 어렵다. 나만 괜찮으면 그만이라는 생각보다는 어려운 이웃을 한번씩 둘러보는 마음을 갖는 연말연시가 되었으면 한다. 그게 가장 효율적인 경제부양책이기 때문이다.

혁신성장! 스케일업 Scale-up에 달려있다
___ 충청투데이 2020년 04월 08일자

'하버드 창업가 바이블' 저자인 다니엘 아이젠버그Daniel Isenberg 박사는 "혁신이 곧 기업가정신은 아니다. 기업가정신에서 가장 유용한 정의는 기업 크기, 기업 나이와 상관없이 기업 안에서 성장이 일어나는 것이다. 가치 창조와 성장Scale Up이 훨씬 강력한 기업가정신이다"라며 '스케일업'의 중요성을 언급했다. 2017년 11월 중소벤처기업부가 주최한 중소·벤처 성장 생태계 육성Scale Up 워크숍에서다.

통상적으로 스케일업이란 최근 3년간 연평균 매출 증가율이 20퍼센트 이상 또는 고용증가율이 20퍼센트 이상인 고성장기업으로 정의된다. 많은 국가가 창업, 스타트업의 중요성을 강조하고 다양한 연구와 통계에서도 기업 규모가 커질수록 기업의 생산성, 임금수준, 직업안정성, 고용여력이 상승하는 것으로 분석한다. 경제성장에 가장 많이 기여하는 주체는 스타트업이나 자영업자가 아닌 성장하는 기업, 즉 스케일업에 있다는 것이다. 실제 주요 선진국들은 경제성장과 일자리 창출을 위해 기존의 스타트업에서 스케일업 중심으로 전환하고 있다. 영국의 경우 세계 최초로 스케일업 촉진 전문기관Scale-up Institute을 설립해 다양한 지원을 실시하고 있다. 독일과 프랑스는 스케일업 지원을 위한 정책과 금융지원을, 중국은 국가첨단기술산업개발구 단위로 가젤기업 육성정책을 추진하고 있다.

지난 10여년간 스타트업에만 집중하던 우리 정부도 매출 400억~1조원 규모 중소·중견기업 300곳을 선정해 세계 일류 수출기업으로 육성·지원하는 '월드클래스 300 프로젝트'를 시행하고 있다. 아울러 'SW고성장클럽 200(고성장이 기대되거나 고성장의 궤도에 오른 소프트웨어 기업 200개를 발굴·지원, 과기정통부)' '제2벤처붐 확산전략(2019년 3월에 수립한 2022년까지의 벤처

창업 확산 중장기계획)', 'Post-TIPS 정책(민간투자와 연계하여 초기 유망 창업기업을 성장단계별로 발굴·지원하여 글로벌 스타벤처로 육성·지원, 중소벤처기업부)' 등 다양한 스케일업 지원사업을 전개해 왔다.

그럼에도 불구하고 아직 그 효과는 미미해 보인다. 글로벌 시장조사업체인 CB insights에 따르면 기업가치 10억달러 이상의 비상장 스타트업인 전 세계 유니콘기업 수는 2020년 1월 기준 총 440개로, 이 가운데 미국과 중국이 차지하는 비중은 전체 70퍼센트에 달하는 반면 우리나라는 10개사에 불과하다.

그렇다면 선진국에서 유니콘기업이 대거 출연할 수 있는 이유는 무엇일까? 다수의 전문가들은 스타트업을 발굴해 지속적으로 성장시켜가는 스케일업 정책이 뒷받침했기 때문이라고 입을 모은다. 한국정보화진흥원도 우리나라 스케일업 성장 장애요인으로 정책적 기반 시스템 부족, 정부 주도의 지역편중 생태계, 투자 불균형 상태 등을 지목했다.

우리나라 스케일업 성장을 위해서는 다양한 지원이 필요하다. 우선 정부 주도의 스타트업 성장단계별 평가시스템을 갖추고 창업지원 프로그램과 스케일업 프로그램이 유기적으로 연계될 수 있는 민간주도형 스케일업 생태계를 구축해야 한다. 기업의 자금지원 방안으로 VCVenture Capital제도·보증기금 제도 확대를 통한 다양한 금융지원도 필요해 보인다. 또한 스케일업 잠재력을 가진 기업에 대한 선택과 집중으로 장기적 성장정책을 지원하고 스케일업 관련기업에 대한 통합정보 서비스망을 구축한다면 머지않아 우리나라에도 유니콘 기업이 대거 앞다퉈 성장할 것이다. 충남에서도 스케일업 기업을 키우기 위한 노력을 아끼지 않아야 한다. 현재 도내 17개 기업이 정부의 월드클래스 300 사업에 선정돼 지원을 받고 있다. 여기서 그치지 않고 충남의 중추기업을 키울 수 있도록 기업 수요를 파악한 다양한 지원 프로그램 개발과 더 많은 육성방안을 하루빨리 강구해야 한다.